Renate & Uwe H. Sültz
Bücher von A bis Z

DIE SCHALLPLATTE
Vinyl LP Single
Mein Sammelbuch

AF175279

Vorverstärker:

Plattenspieler:

System/Systeme:

Nadel/Nadeln:

Auflagekraft:

Service:						
Lager gefettet:						
Kontakte gereinigt:						
Gewicht justiert:						

BoD - Books on Demand
Norderstedt 2021

Bibliografische Information durch die Deutsche Nationalbibliothek
Die Deutsche Nationalbibliothek verzeichnet diese Publikation in der
Deutschen Nationalbibliografie; detaillierte bibliografische Daten
sind im Internet über http://dnb.dnb.de abrufbar.

© Uwe H. Sültz
Herstellung und Verlag
BoD – Books on Demand, Norderstedt
ISBN 9-78375-5-74196-1

BoD – BOOKS on DEMAND

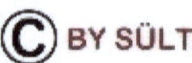

pixabay AKTIVES MITGLIED
© BY SÜLTZ
Sültz Bücher

AKTIVES MITGLIED
UND FÖRDERER
WIKIMEDIA FOUNDATION
Sültz Books INTERNATIONAL

Fach Nr.	Titel	Mono Stereo Quadro	Typ LP	Abspielart Single	Nass Trocken	System MM MC	Nadeltyp Konisch Elliptisch Shibata VDH

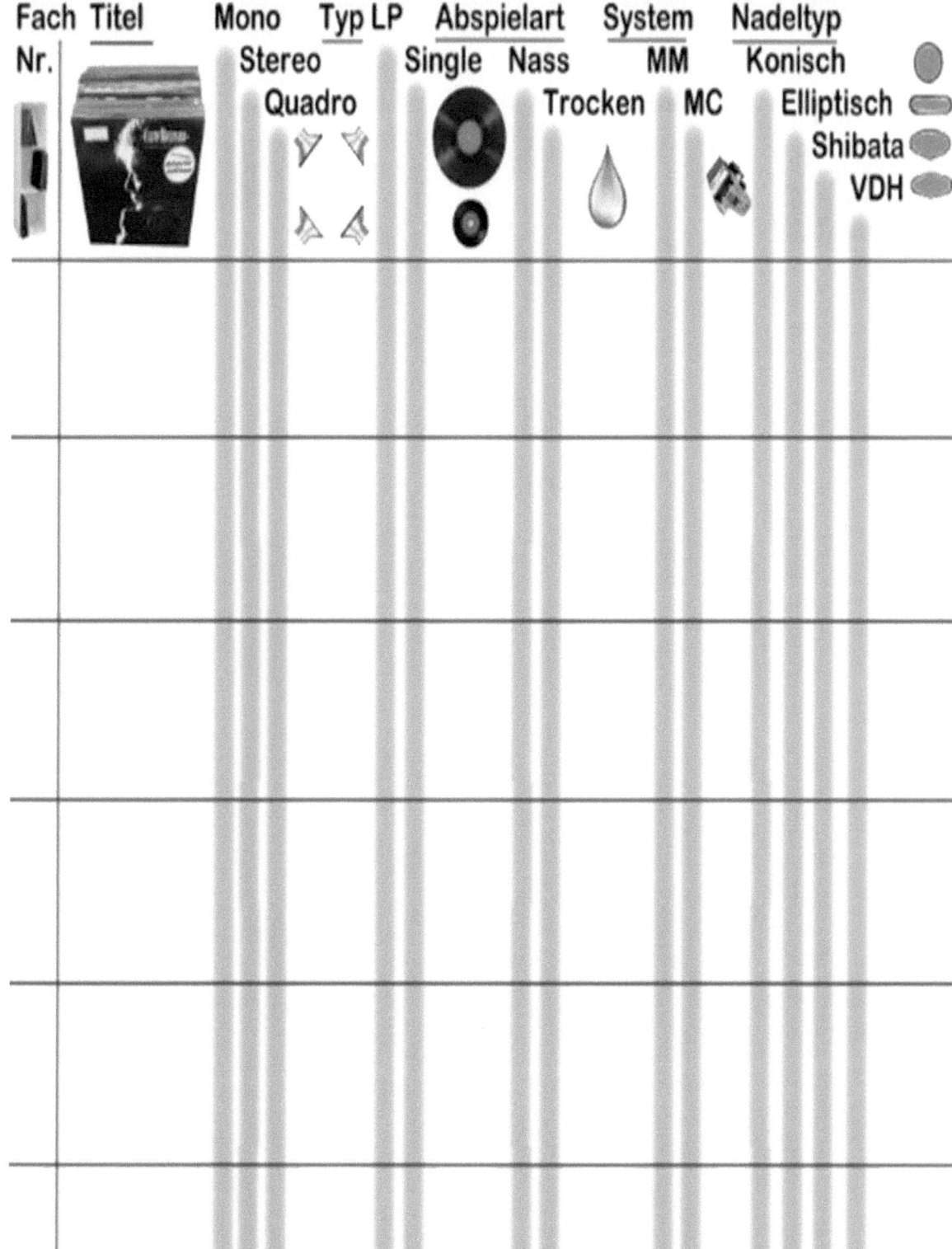

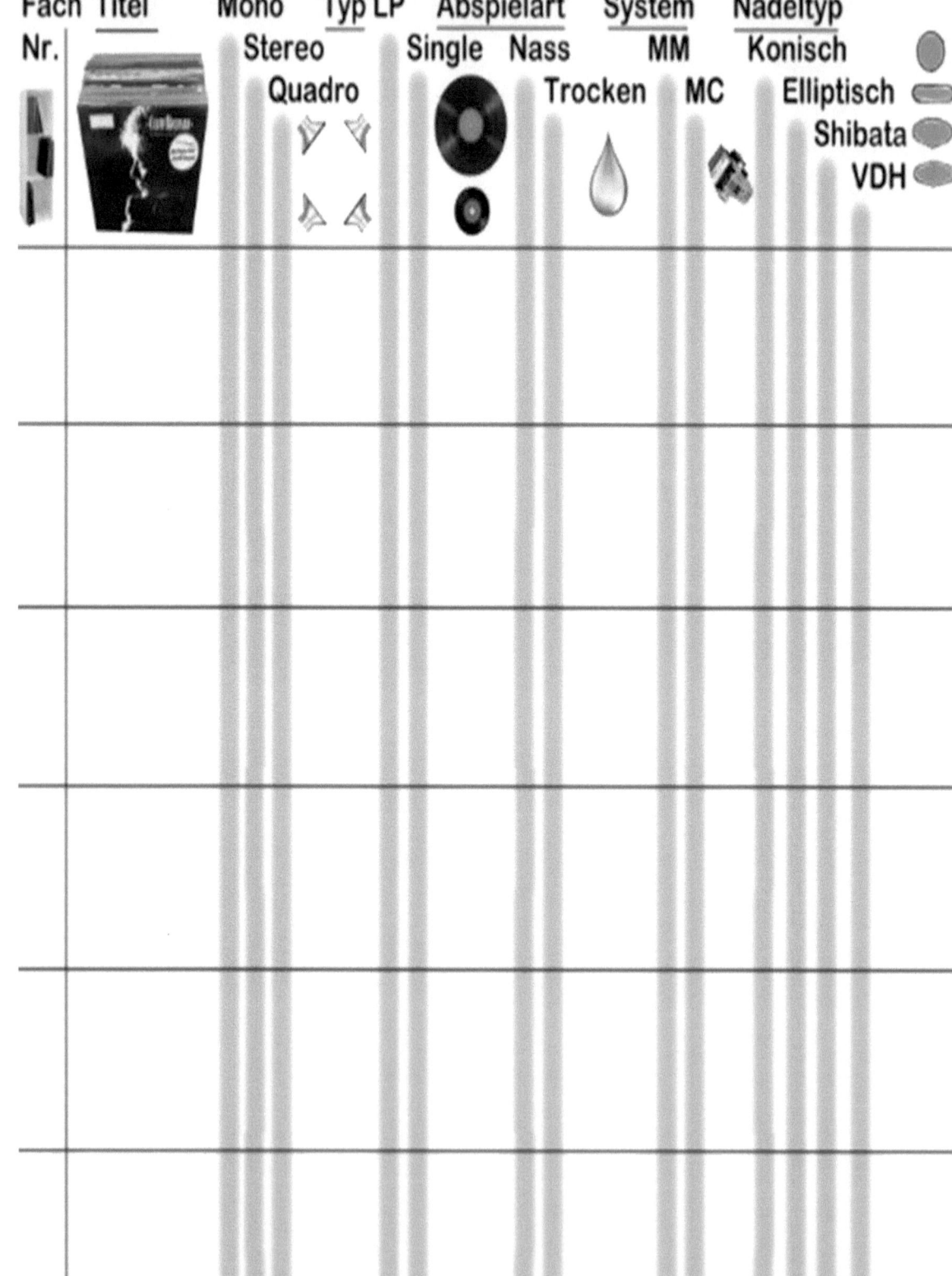

Fach Nr.	Titel	Mono Stereo Quadro	Typ LP Single	Abspielart Nass Trocken	System MM MC	Nadeltyp Konisch Elliptisch Shibata VDH

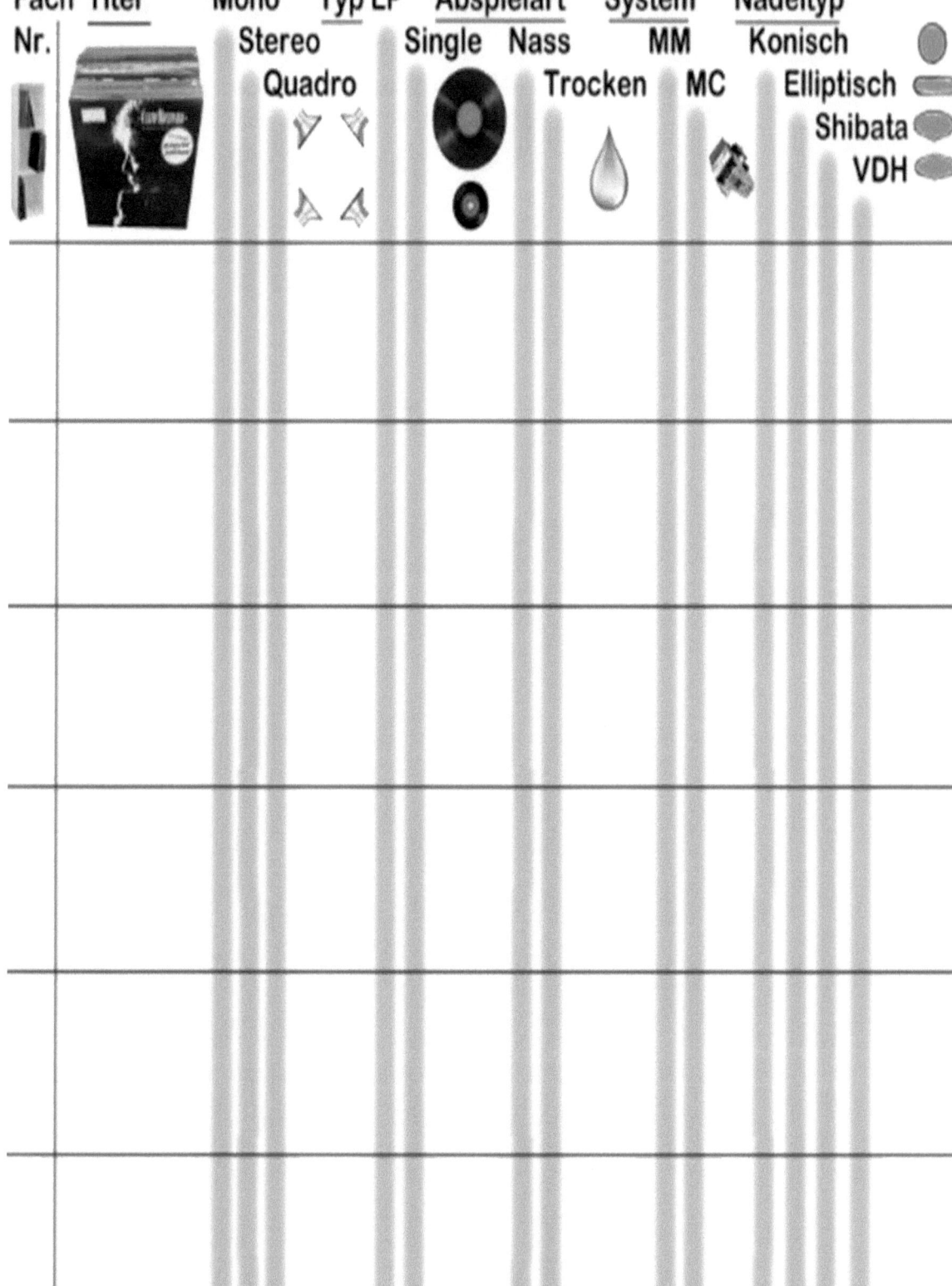

Fach Nr.	Titel	Mono Stereo Quadro	Typ	LP Single	Abspielart Nass Trocken	System MM MC	Nadeltyp Konisch Elliptisch Shibata VDH

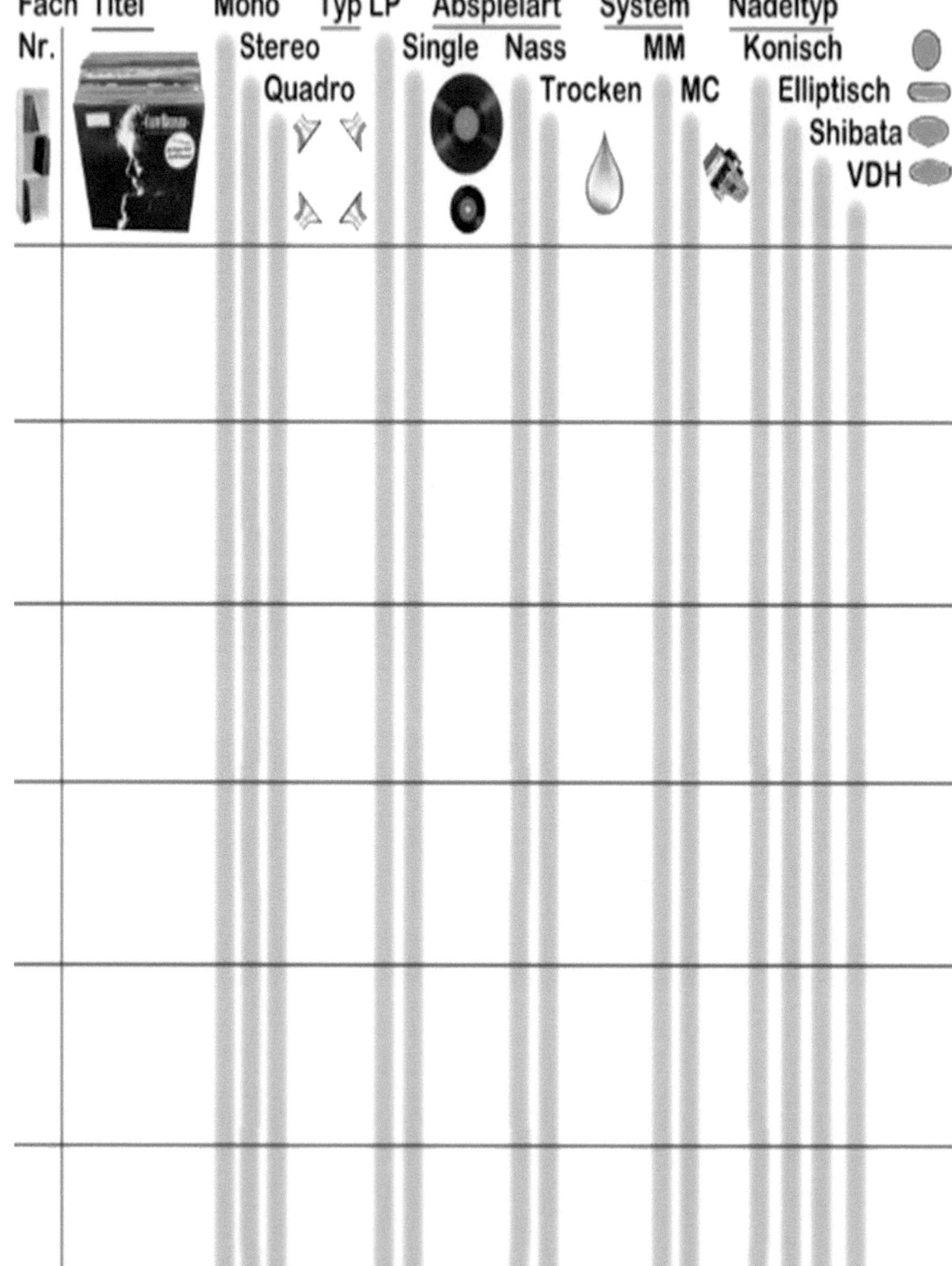

Fach Nr.	Titel	Mono Stereo Quadro	Typ LP	Abspielart Single	Nass Trocken	System MM MC	Nadeltyp Konisch Elliptisch Shibata VDH

Fach Nr.	Titel	Mono Stereo Quadro	Typ LP Single	Abspielart Nass Trocken	System MM MC	Nadeltyp Konisch Elliptisch Shibata VDH

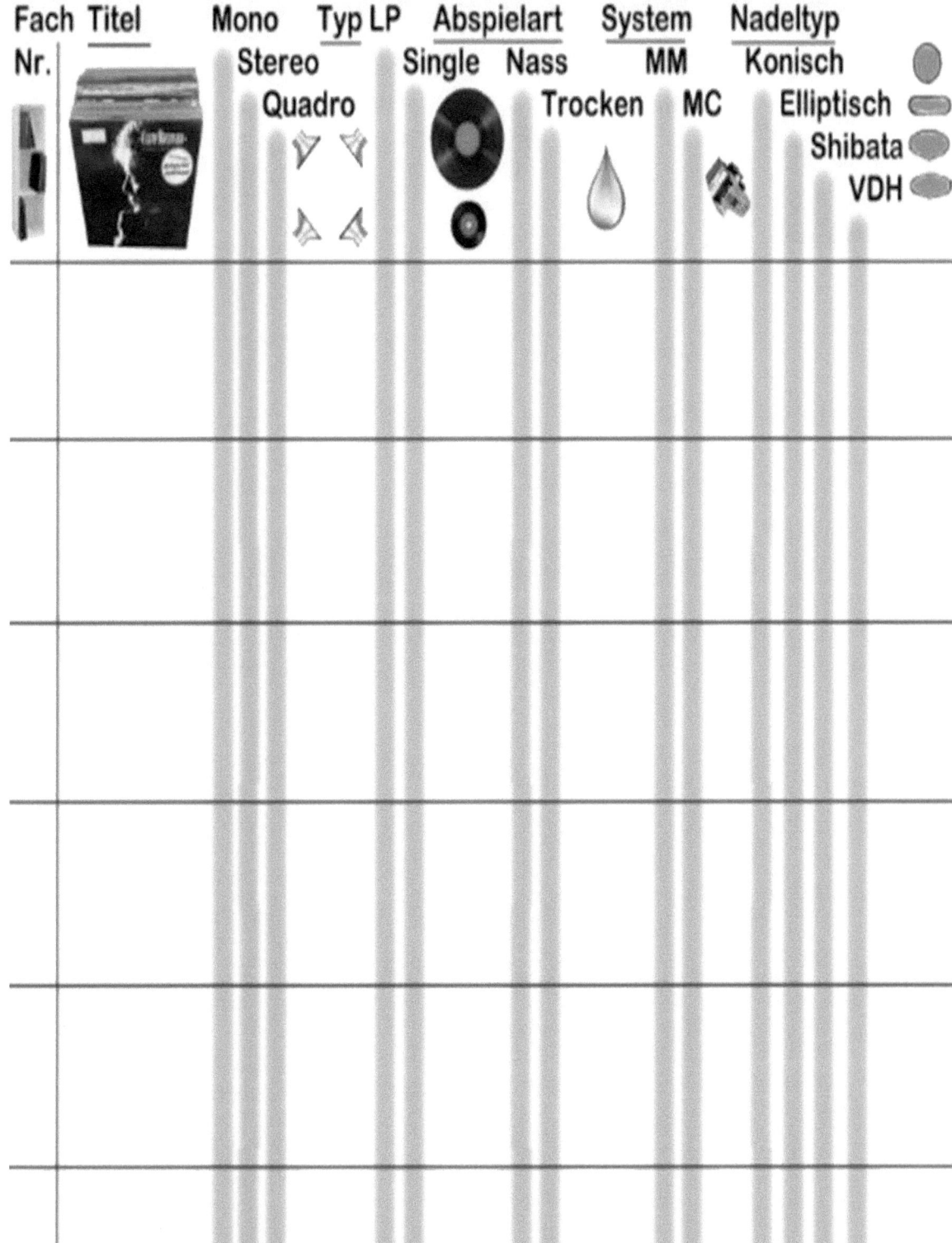

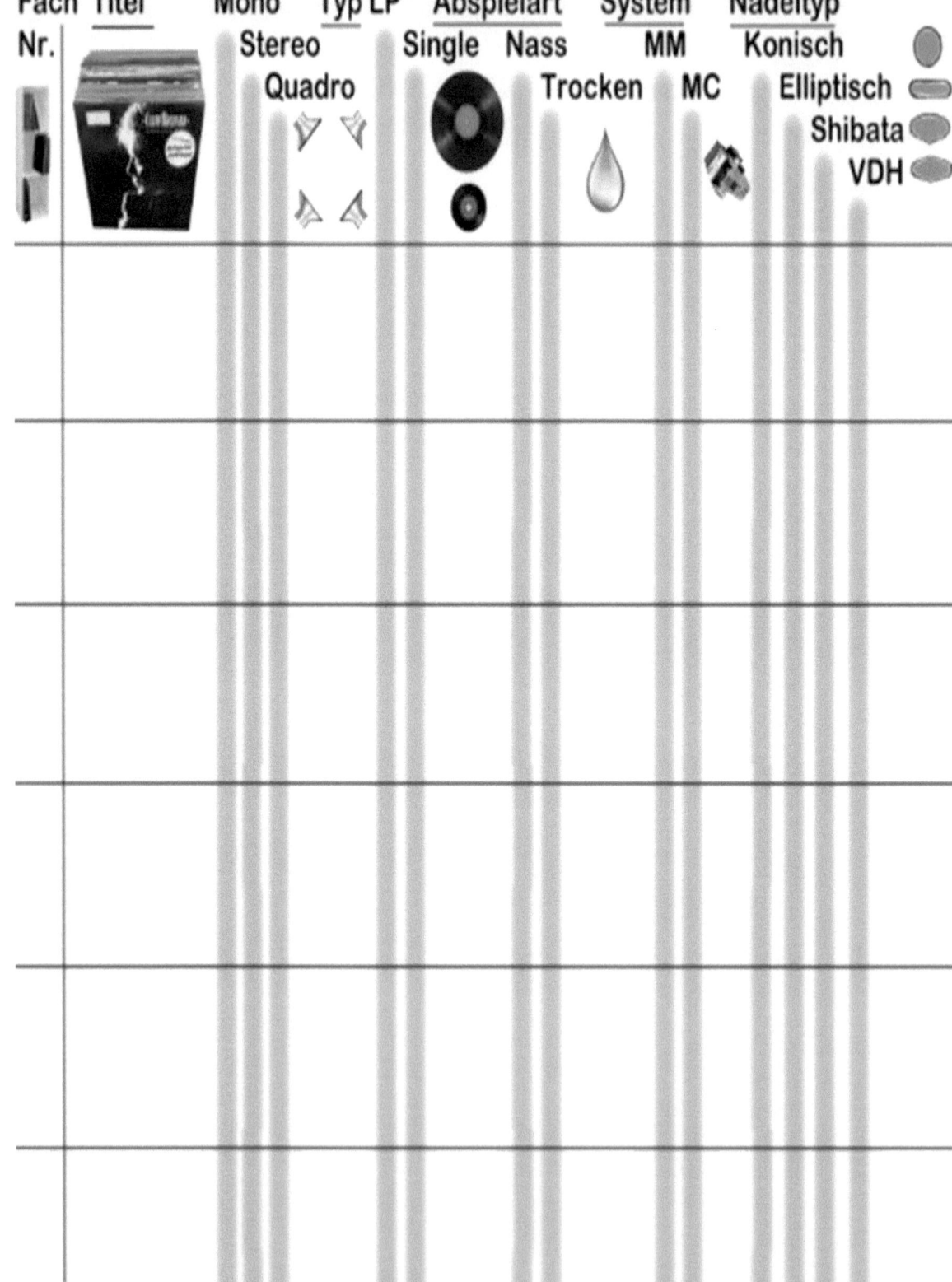

Fach Nr.	Titel	Mono Stereo Quadro	Typ LP Single	Abspielart Nass Trocken	System MM MC	Nadeltyp Konisch Elliptisch Shibata VDH

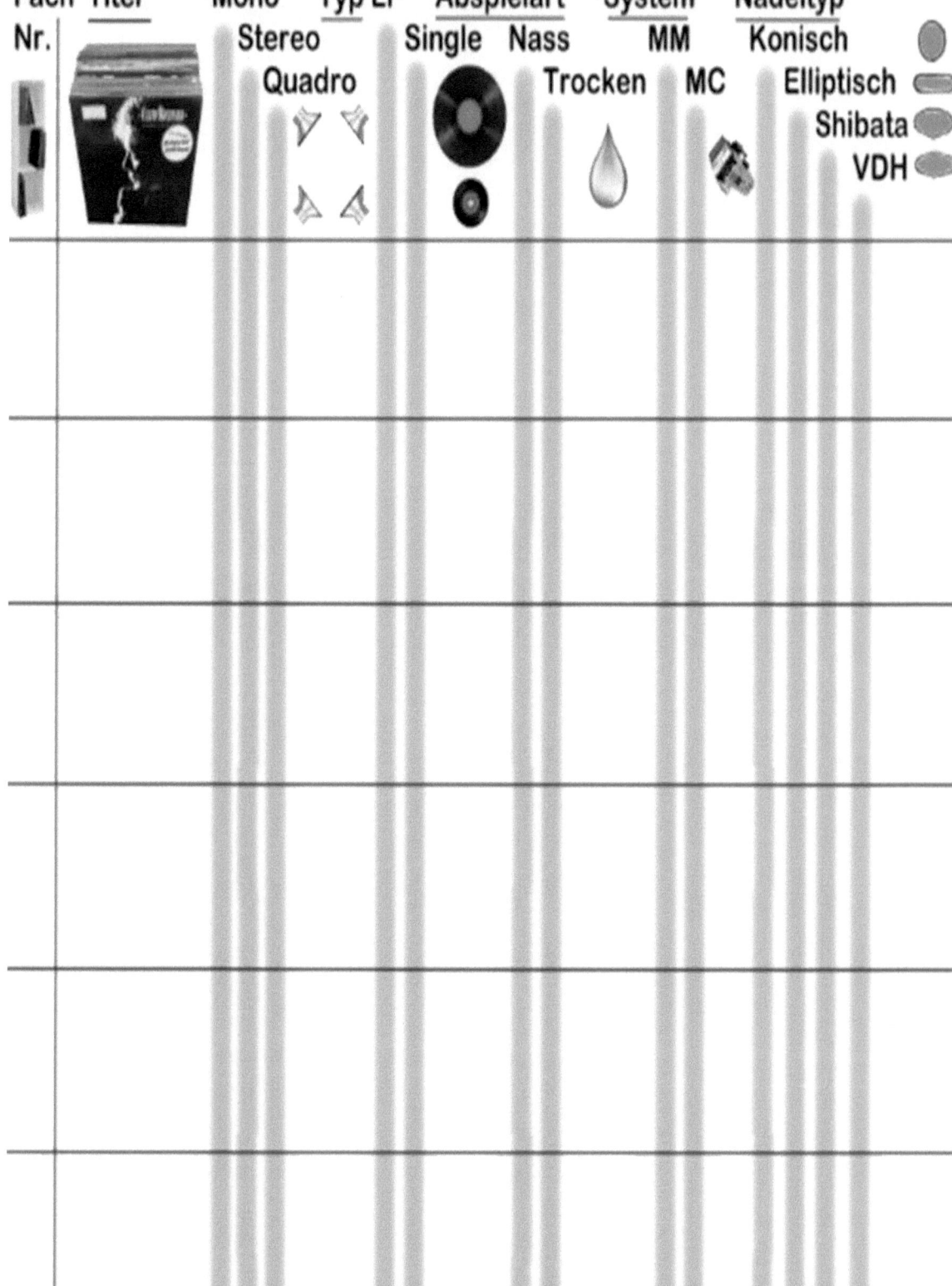

Fach Nr.	Titel	Mono Stereo Quadro	Typ LP Single	Abspielart Nass Trocken	System MM MC	Nadeltyp Konisch Elliptisch Shibata VDH

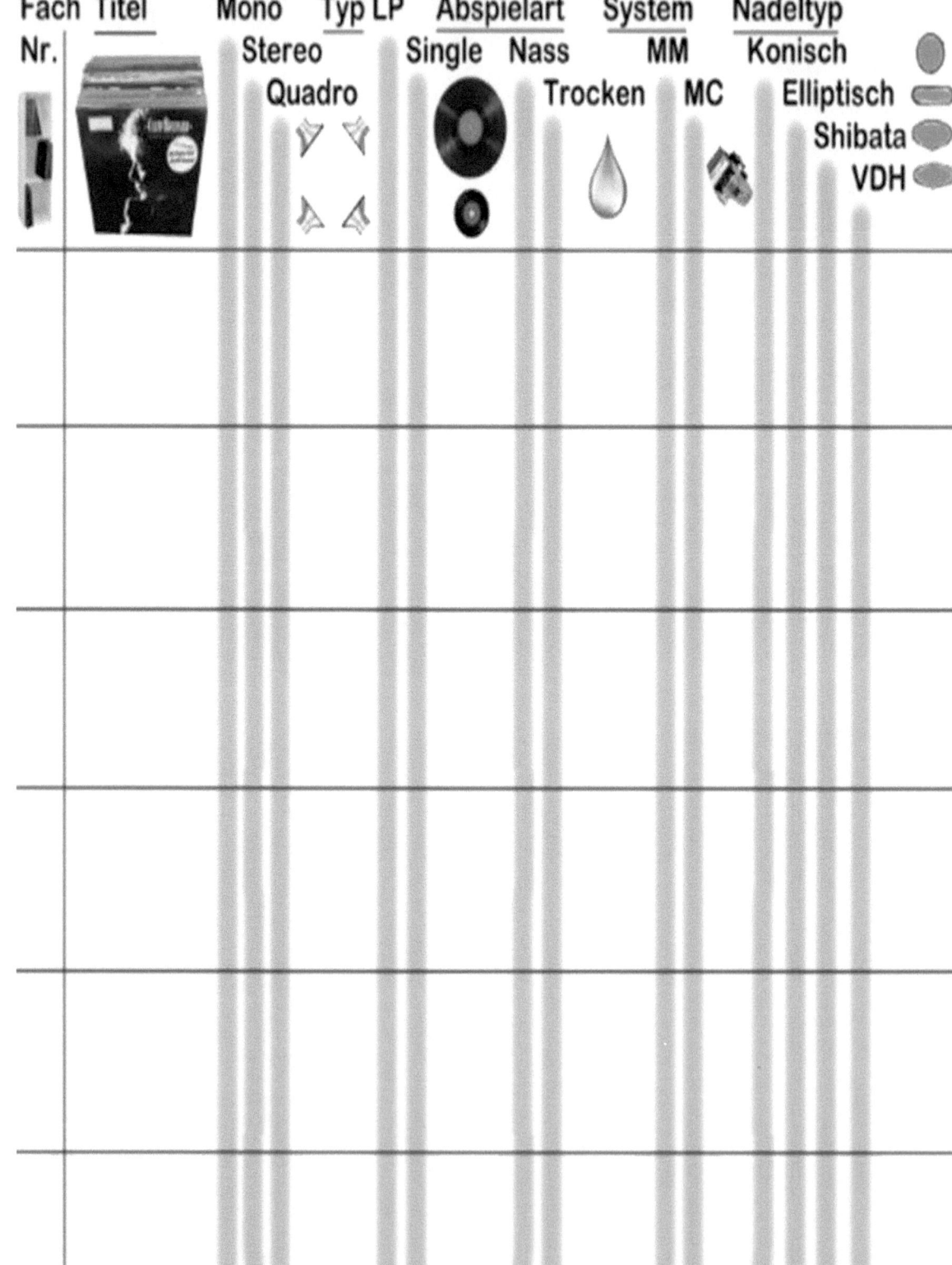

Fach Nr.	Titel	Mono Stereo Quadro	Typ LP	Abspielart Single	Nass Trocken	System MM	MC	Nadeltyp Konisch Elliptisch Shibata VDH

Fach Nr.	Titel	Mono Stereo Quadro	Typ LP	Abspielart Single	Nass Trocken	System MM MC	Nadeltyp Konisch Elliptisch Shibata VDH
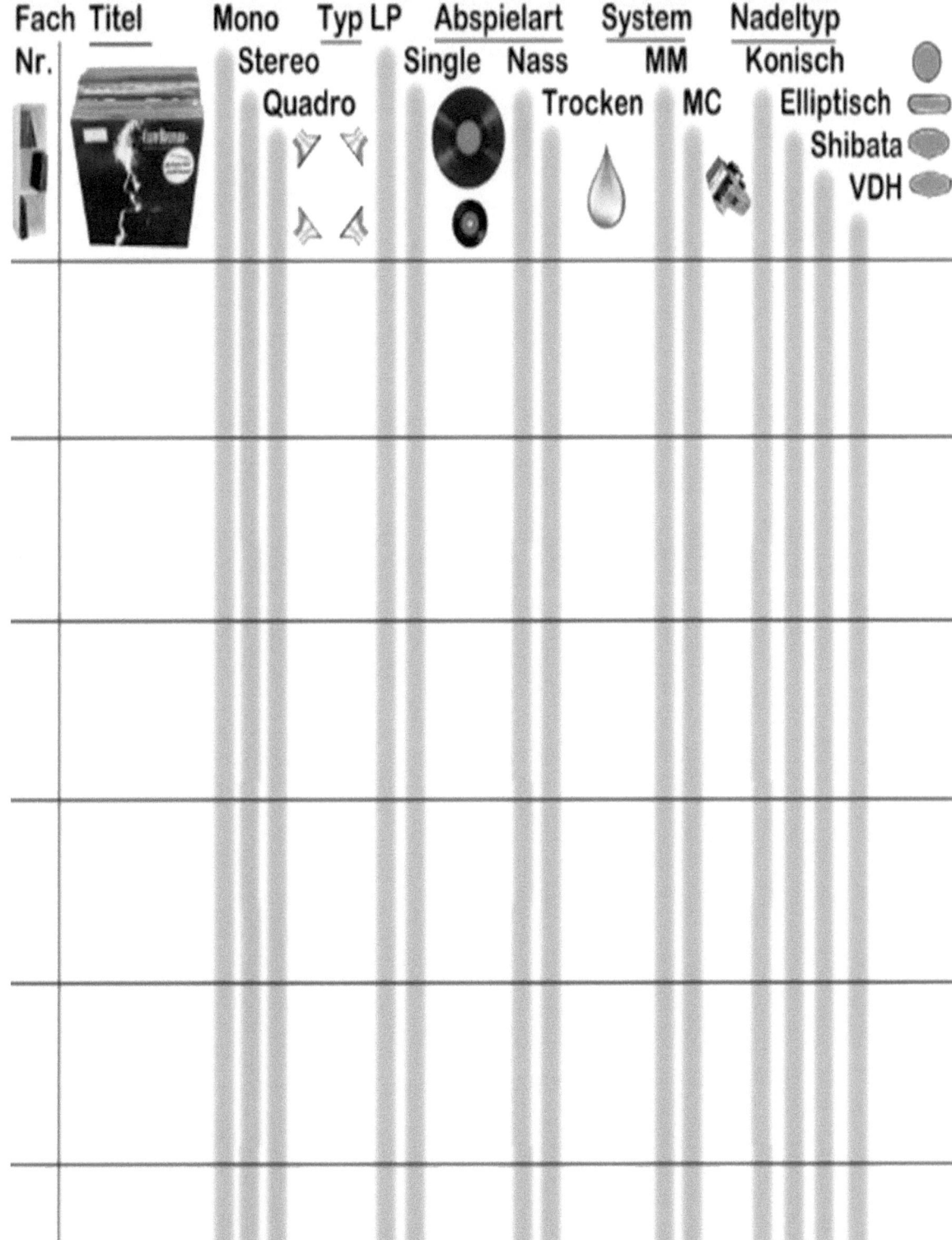							

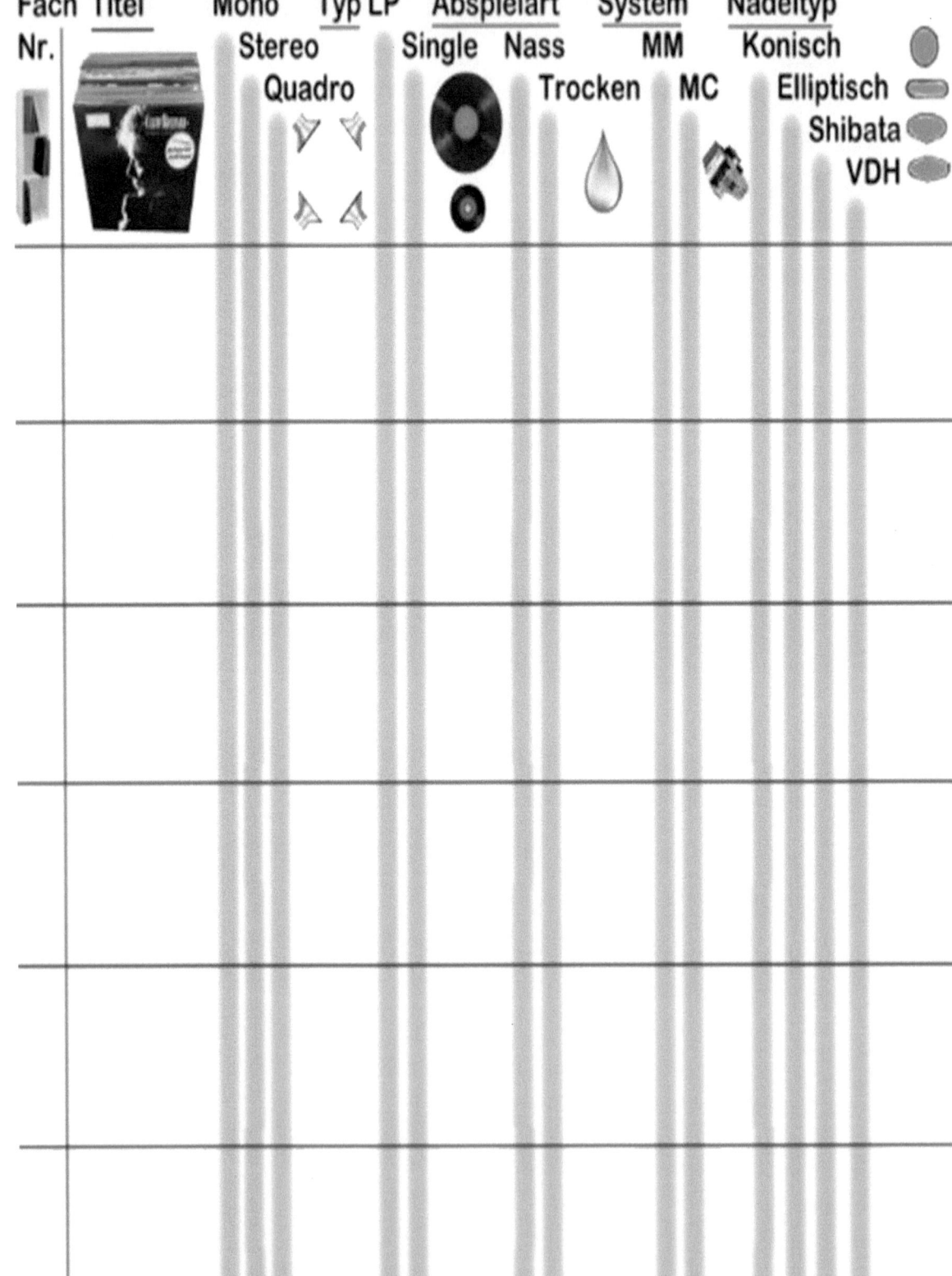

Fach Nr.	Titel	Mono Stereo Quadro	Typ	LP Single	Abspielart	Nass Trocken	System MM MC	Nadeltyp Konisch Elliptisch Shibata VDH

Fach Nr.	Titel	Mono Stereo Quadro	Typ LP Single	Abspielart Nass Trocken	System MM MC	Nadeltyp Konisch Elliptisch Shibata VDH

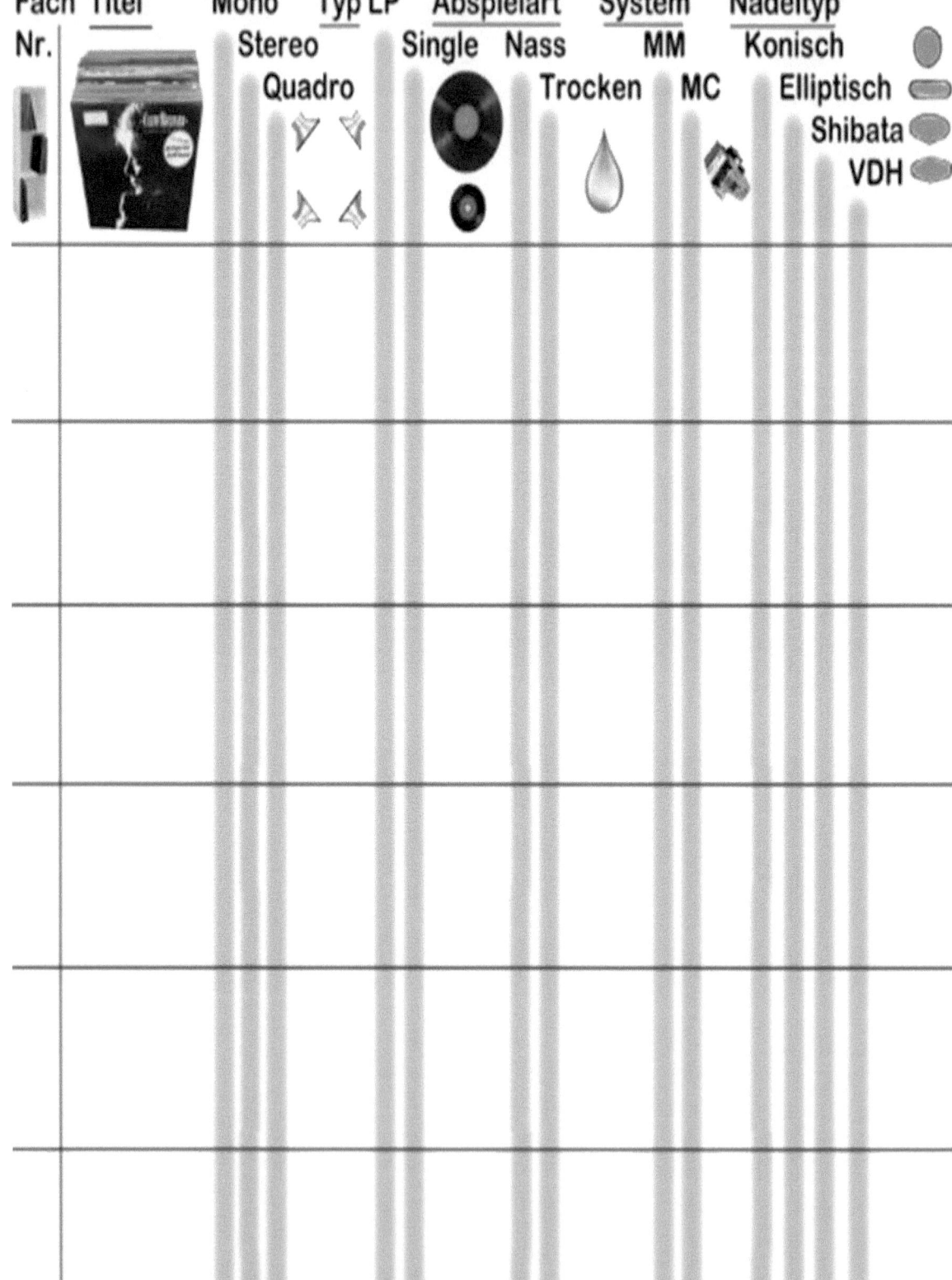

Fach Nr.	Titel	Mono Stereo Quadro	Typ LP	Abspielart Single	Nass Trocken	System MM MC	Nadeltyp Konisch Elliptisch Shibata VDH

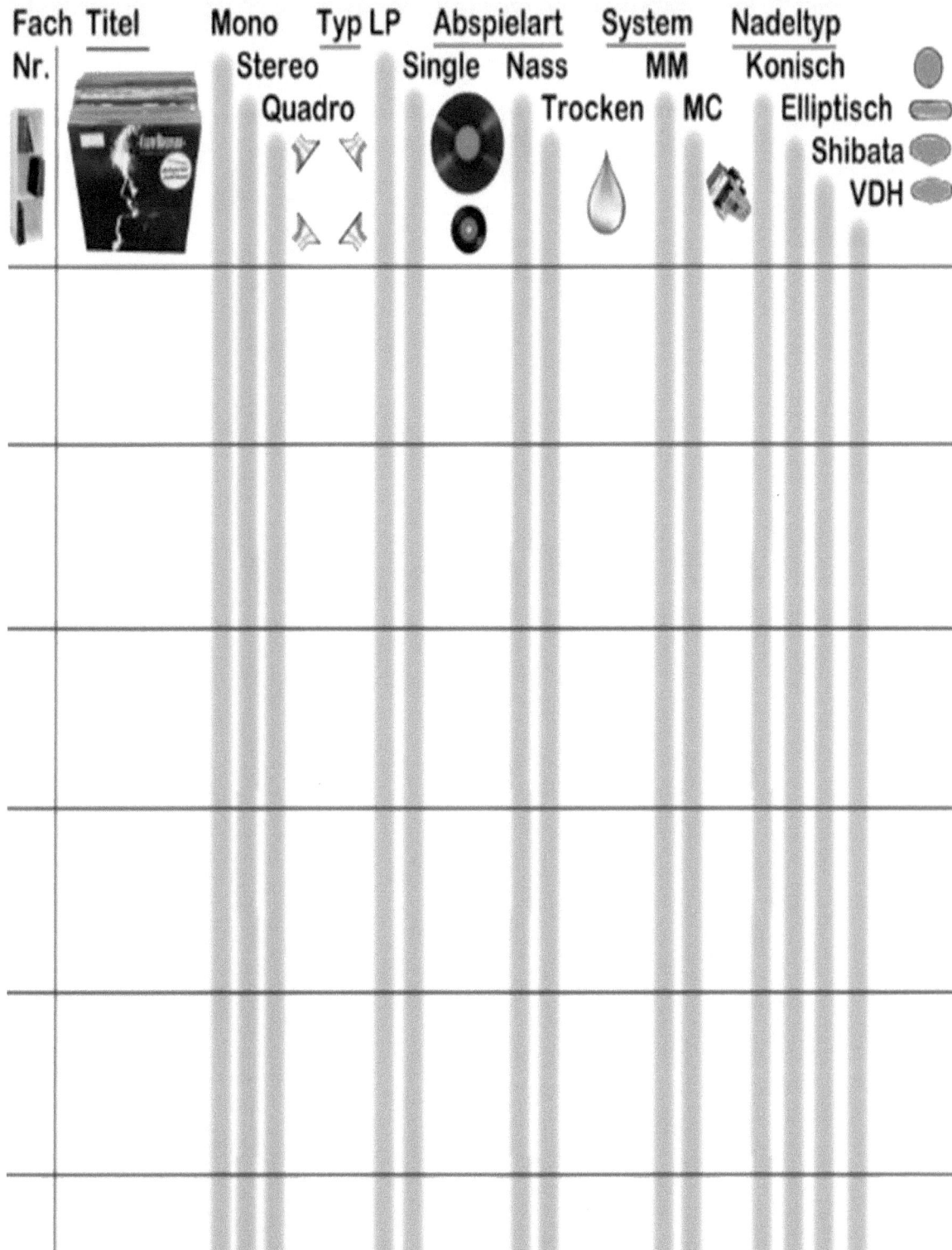

Fach Nr.	Titel	Mono Stereo Quadro	Typ LP Single	Abspielart Nass Trocken	System MM MC	Nadeltyp Konisch Elliptisch Shibata VDH

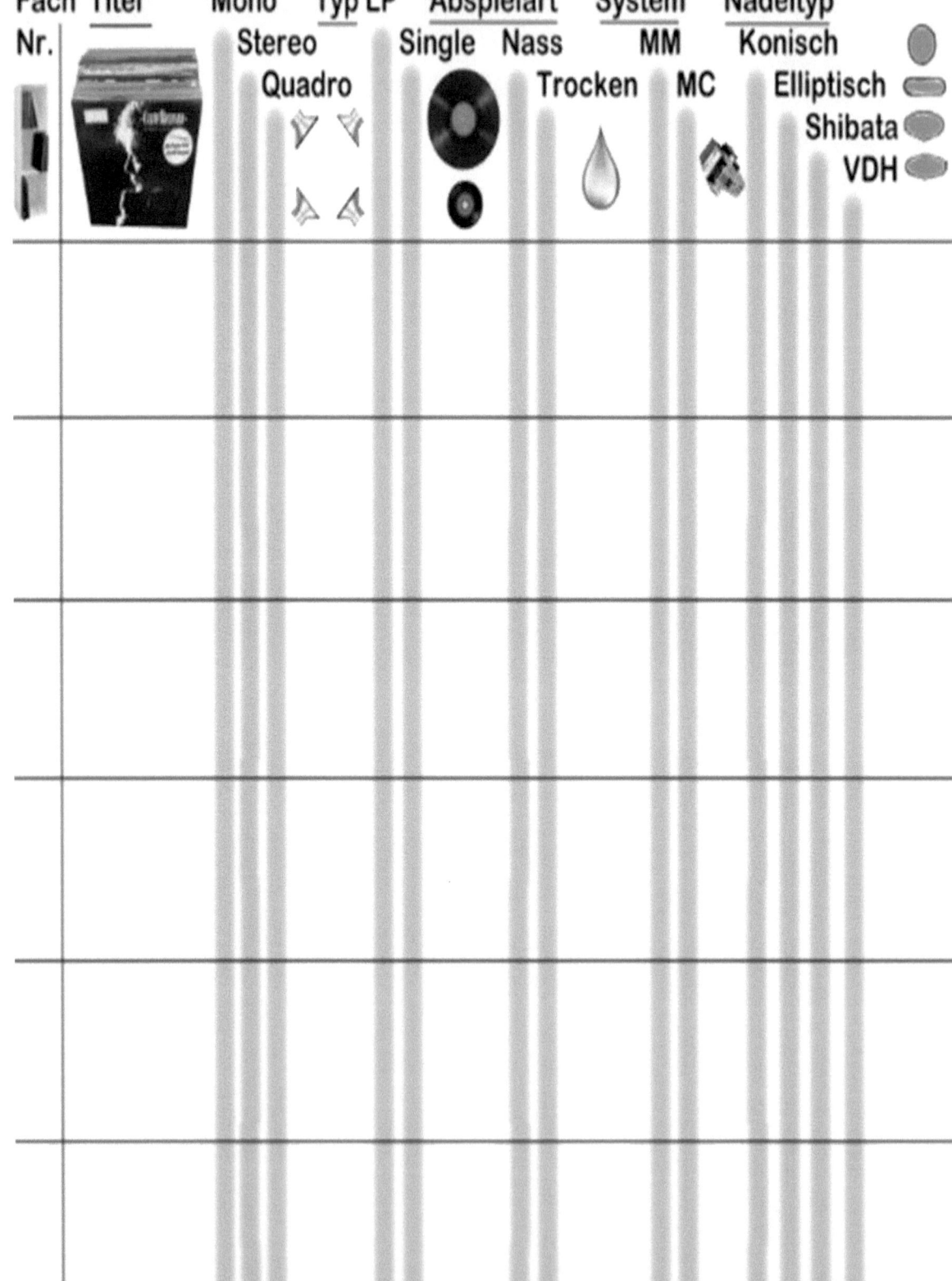

Fach Nr.	Titel	Mono Stereo Quadro	Typ	LP	Abspielart Single	Nass Trocken	System MM MC	Nadeltyp Konisch Elliptisch Shibata VDH

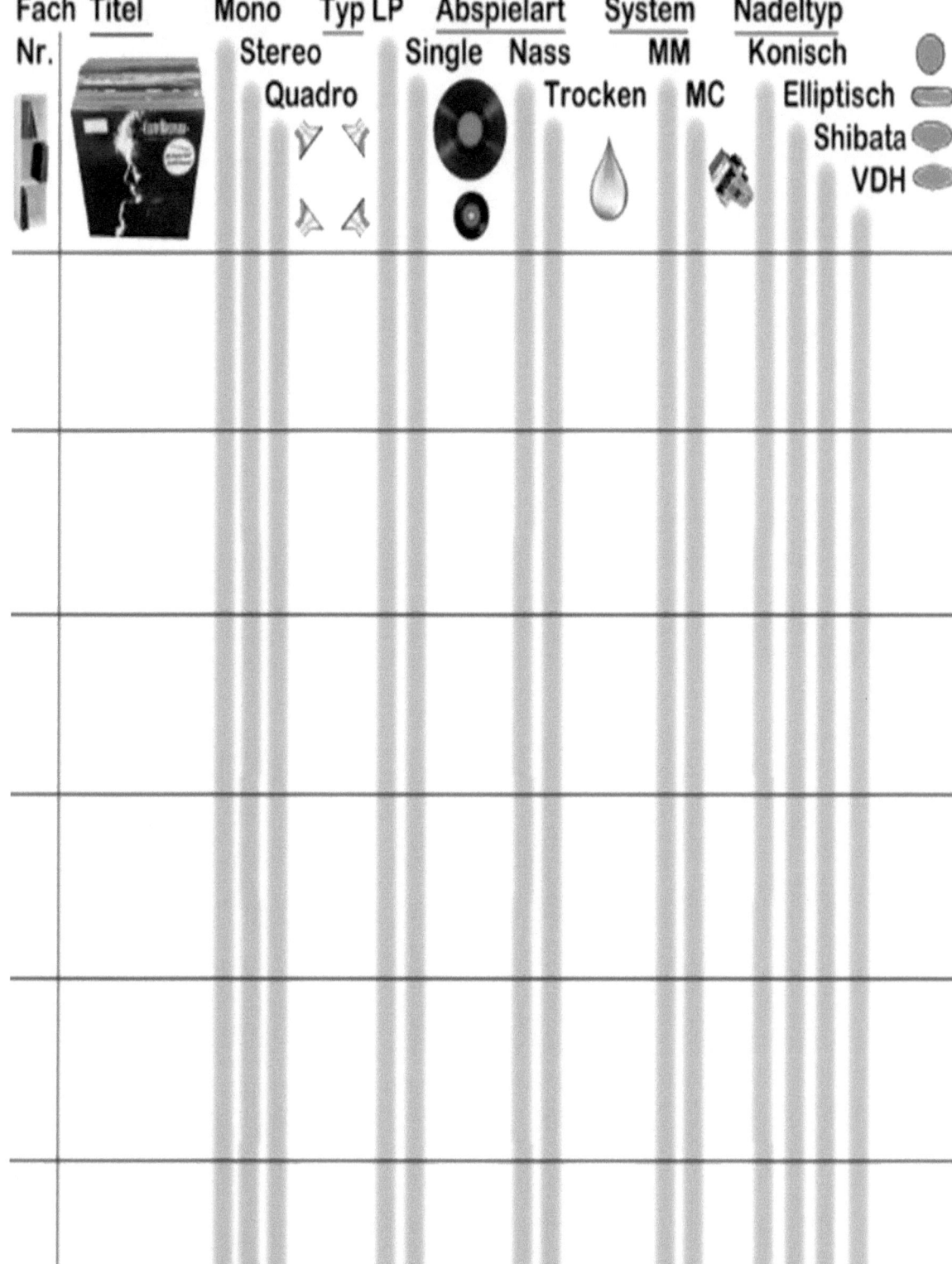

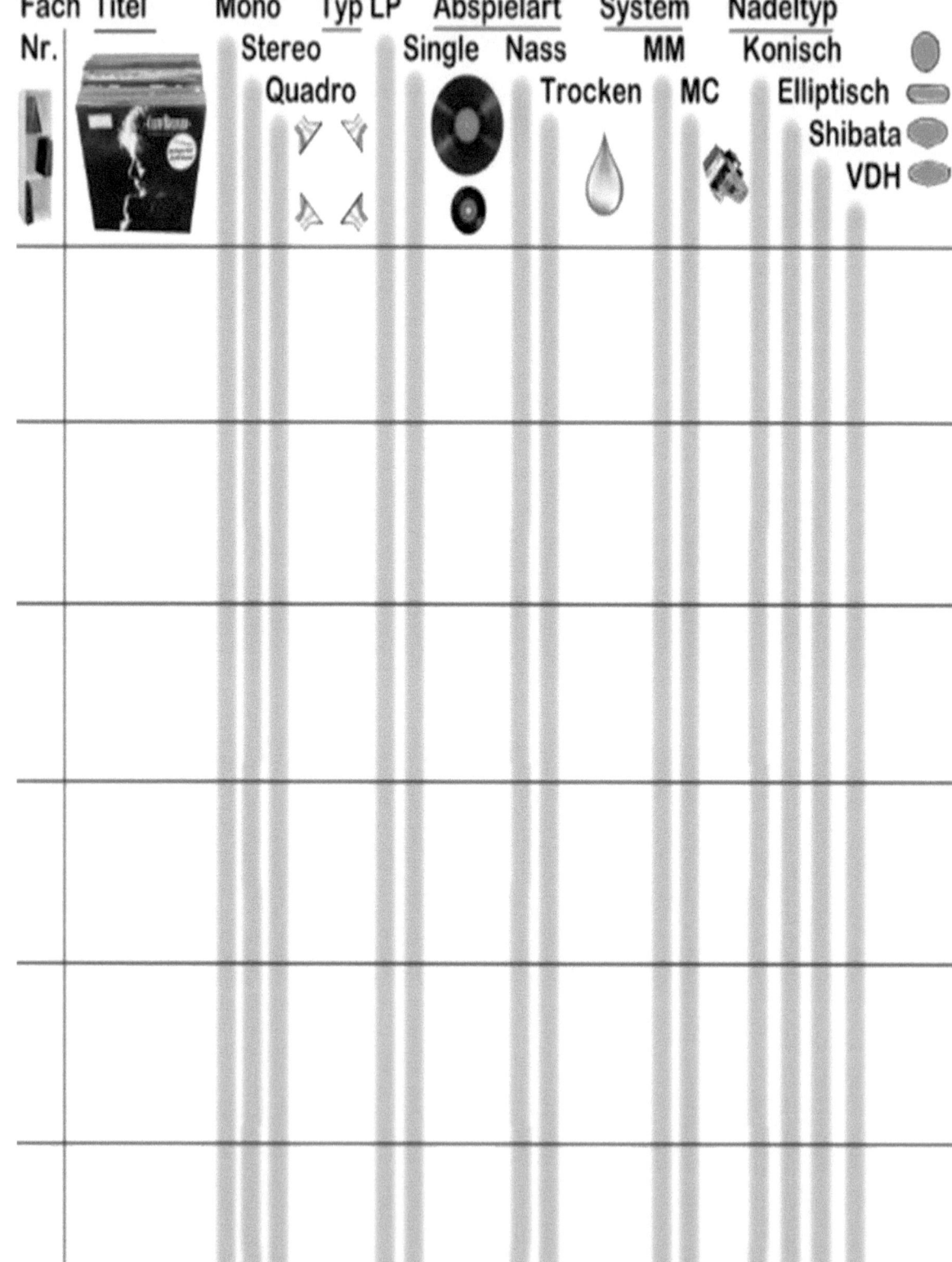

Fach Nr.	Titel	Mono Stereo Quadro	Typ	LP Single	Abspielart Nass Trocken	System MM MC	Nadeltyp Konisch Elliptisch Shibata VDH

Fach Nr.	Titel	Mono Stereo Quadro	Typ	LP Single	Abspielart Nass Trocken	System MM MC	Nadeltyp Konisch Elliptisch Shibata VDH

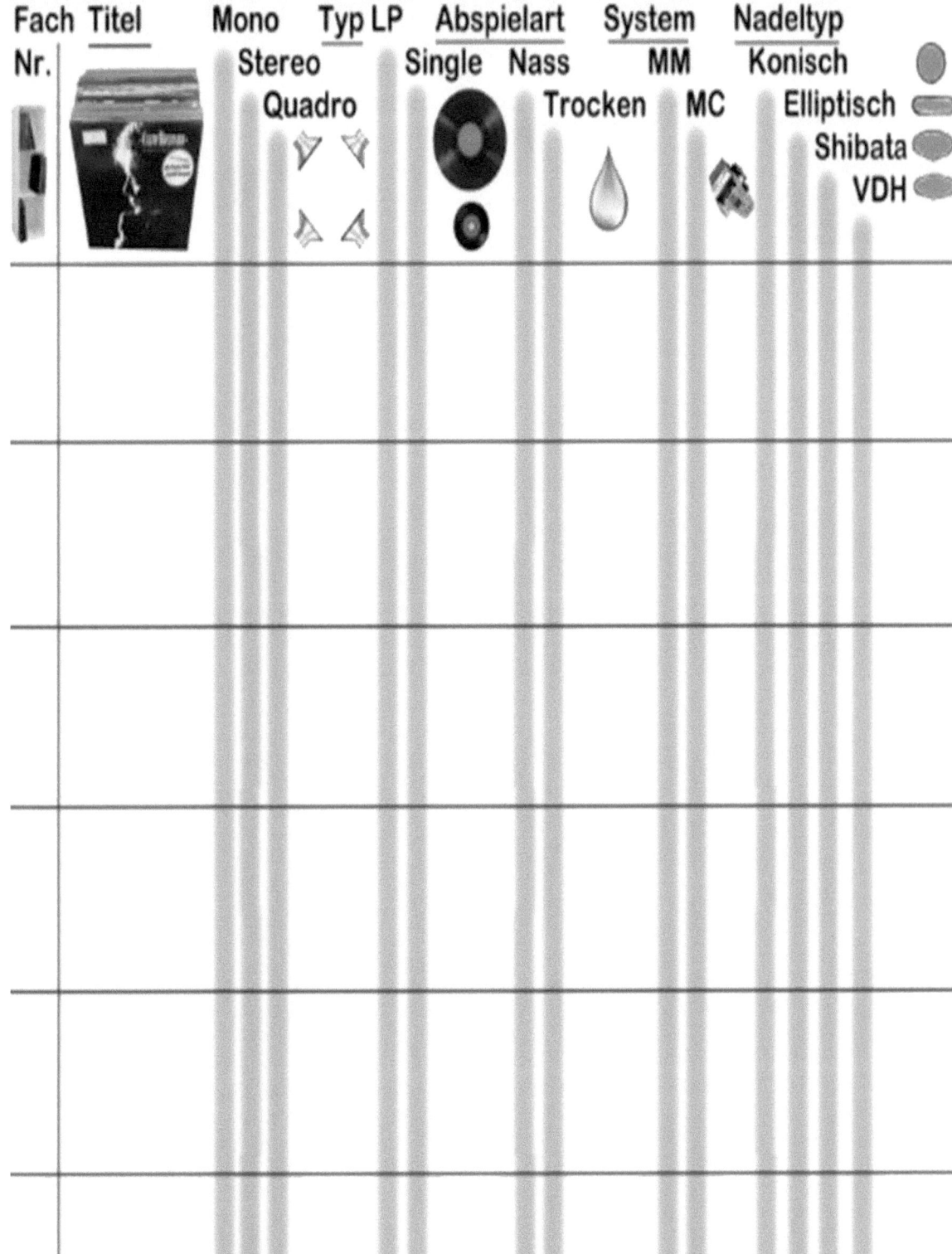

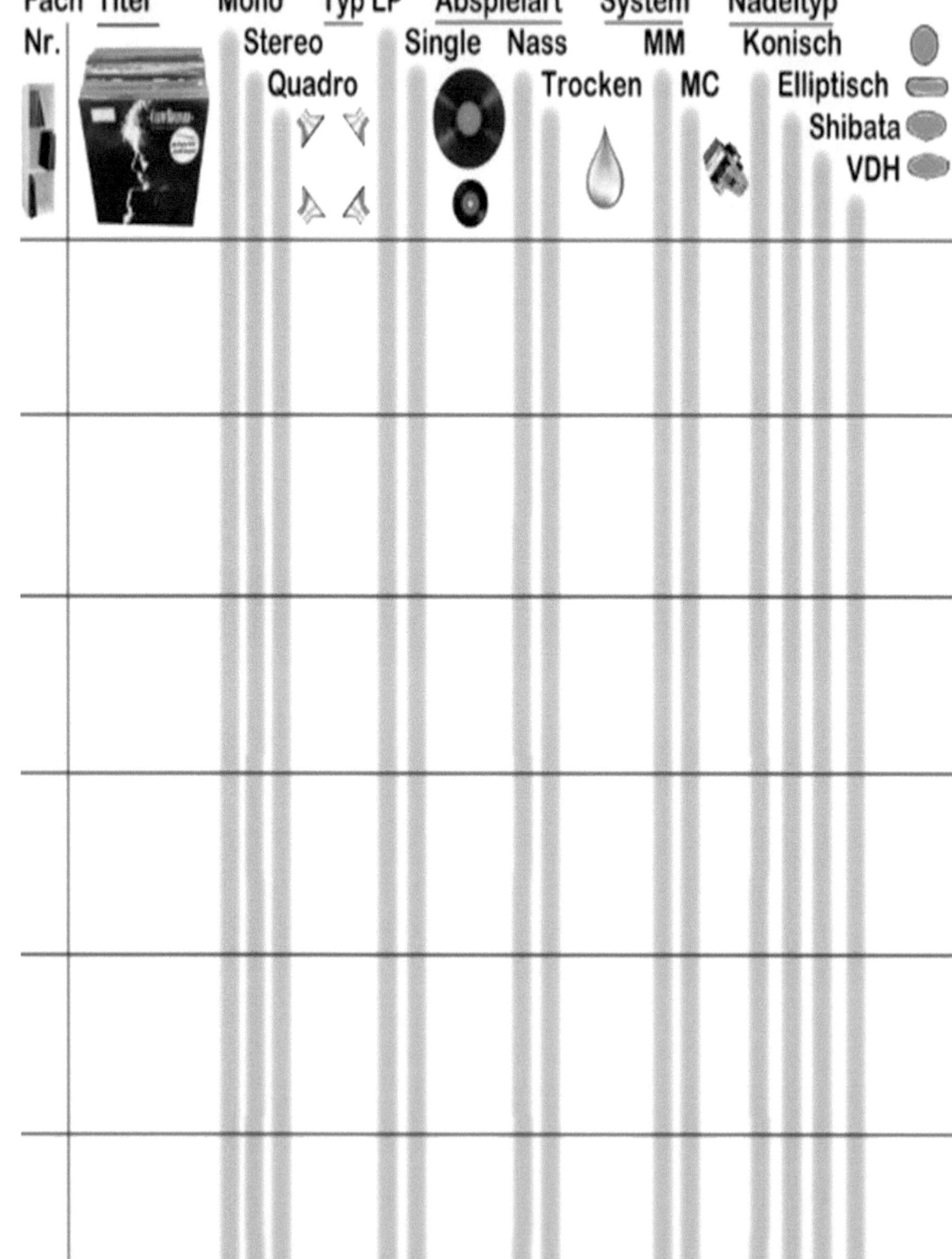

Fach Nr.	Titel	Mono Stereo Quadro	Typ LP Single	Abspielart Nass Trocken	System MM MC	Nadeltyp Konisch Elliptisch Shibata VDH

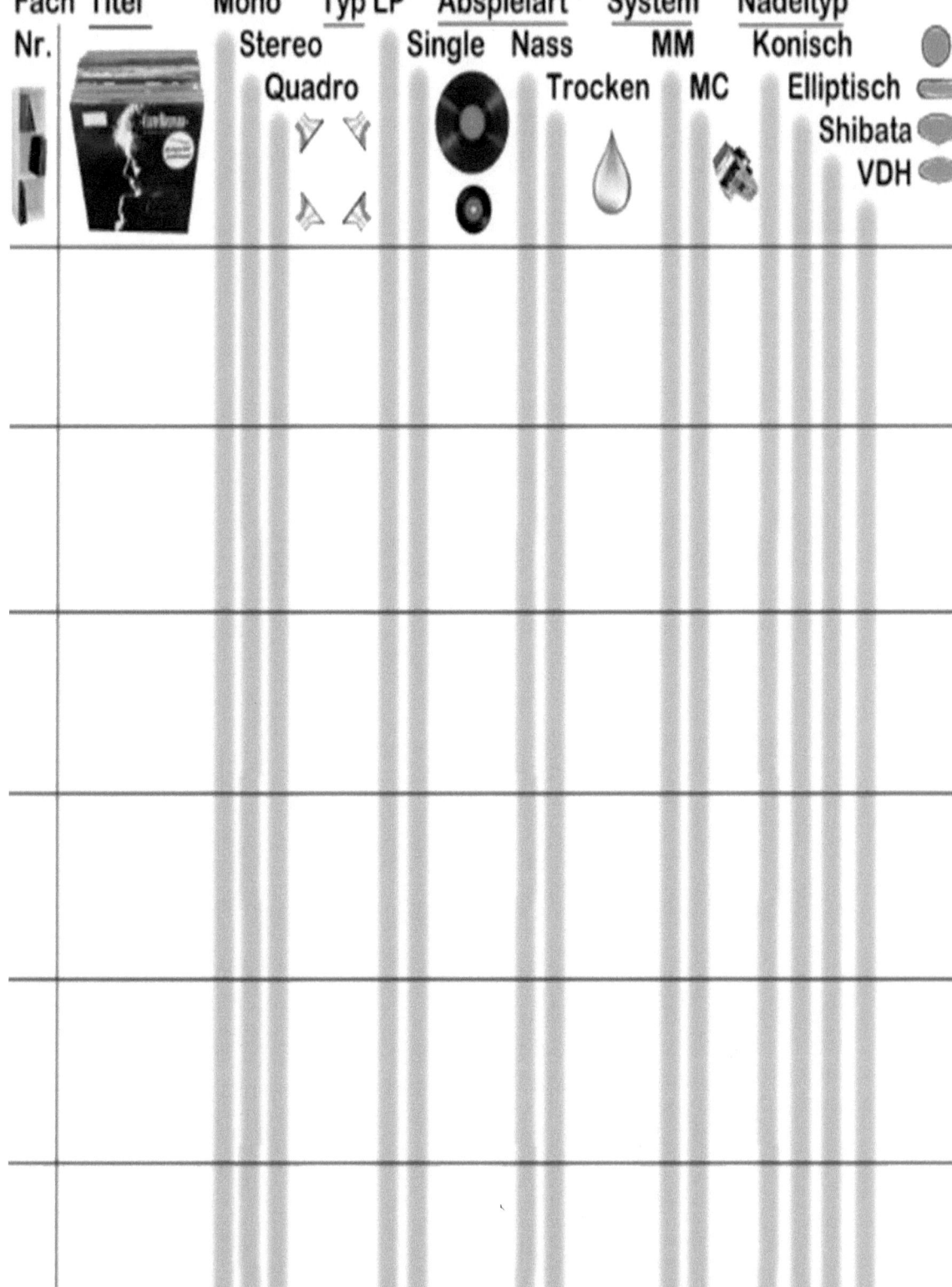

Fach Nr.	Titel	Mono Stereo Quadro	Typ	LP Single	Abspielart Nass Trocken	System MM MC	Nadeltyp Konisch Elliptisch Shibata VDH

Fach Nr.	Titel	Mono Stereo Quadro	Typ LP	Abspielart Single	Nass Trocken	System MM MC	Nadeltyp Konisch Elliptisch Shibata VDH

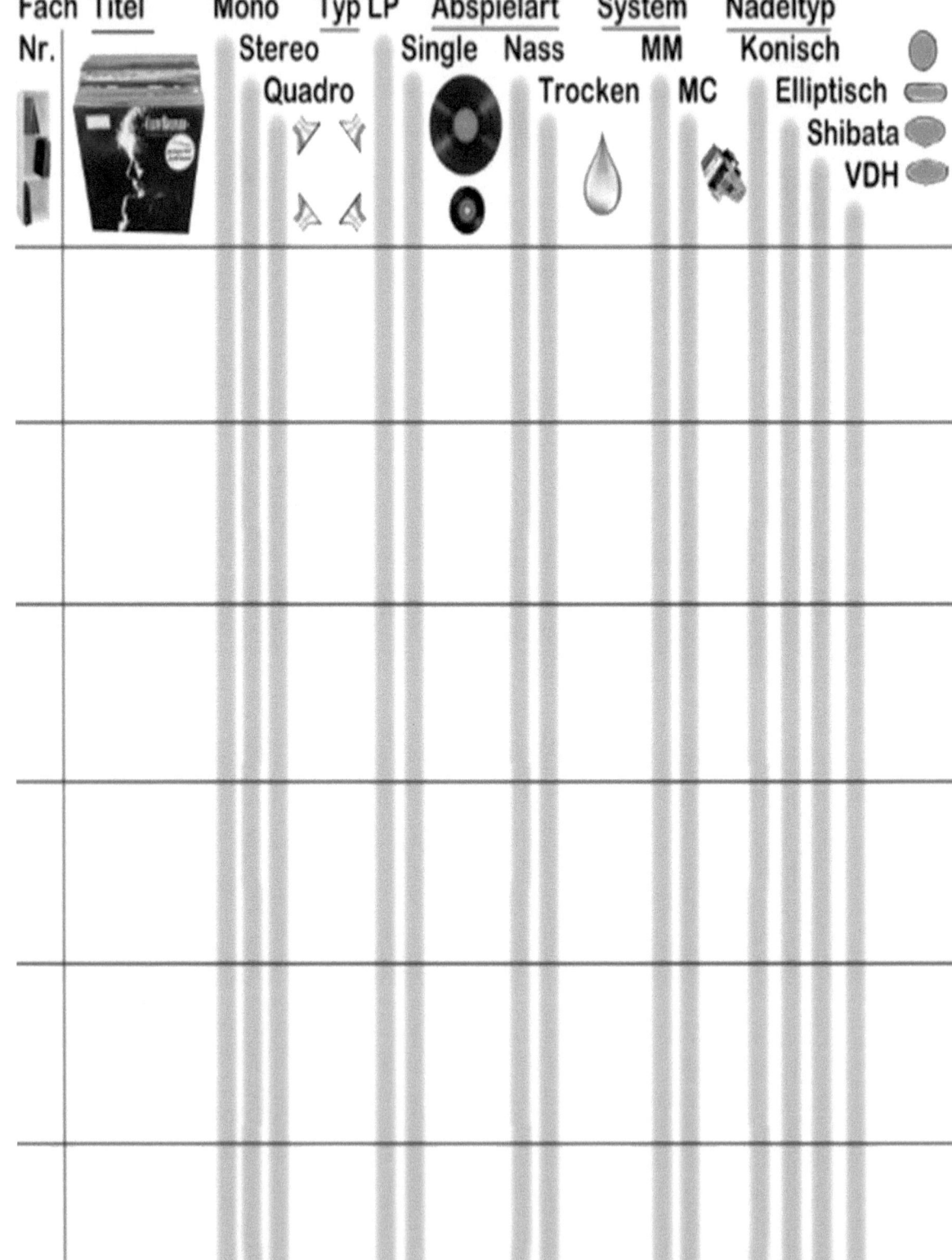

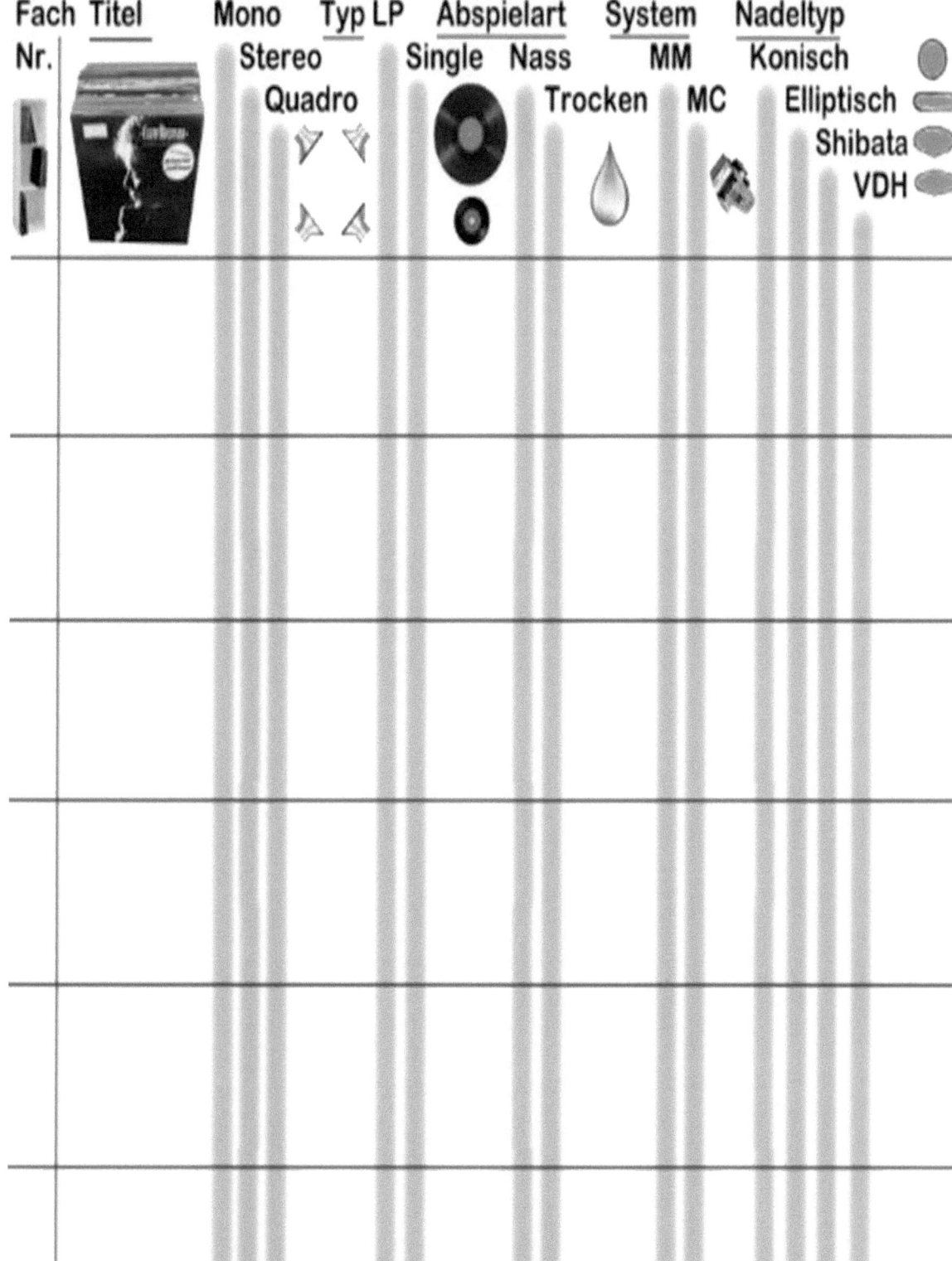

Fach Nr.	Titel	Mono Stereo Quadro	Typ	LP Single	Abspielart Nass Trocken	System MM MC	Nadeltyp Konisch Elliptisch Shibata VDH

Fach Nr.	Titel	Mono Stereo Quadro	Typ LP Single	Abspielart Single Nass Trocken	System MM MC	Nadeltyp Konisch Elliptisch Shibata VDH

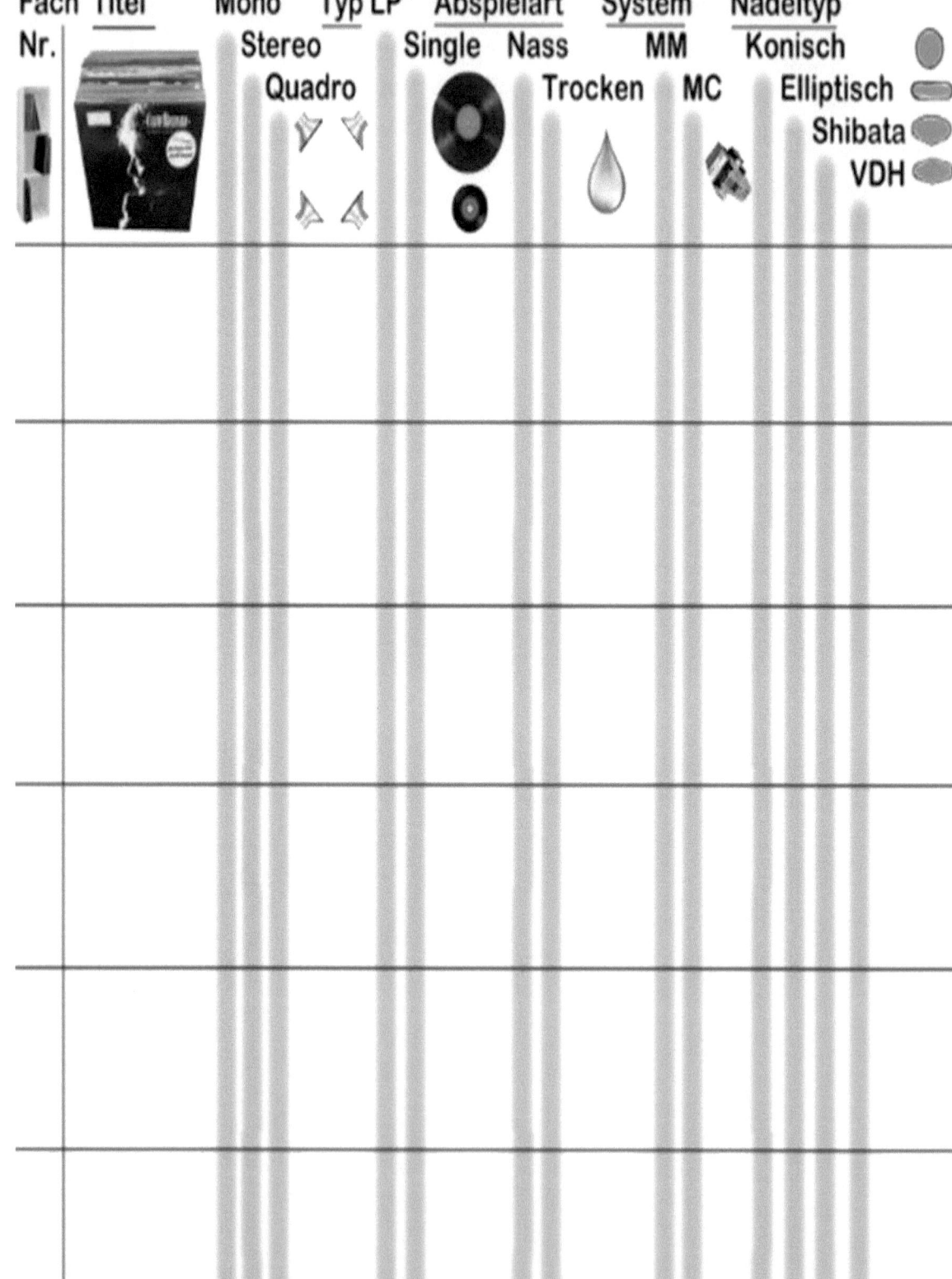

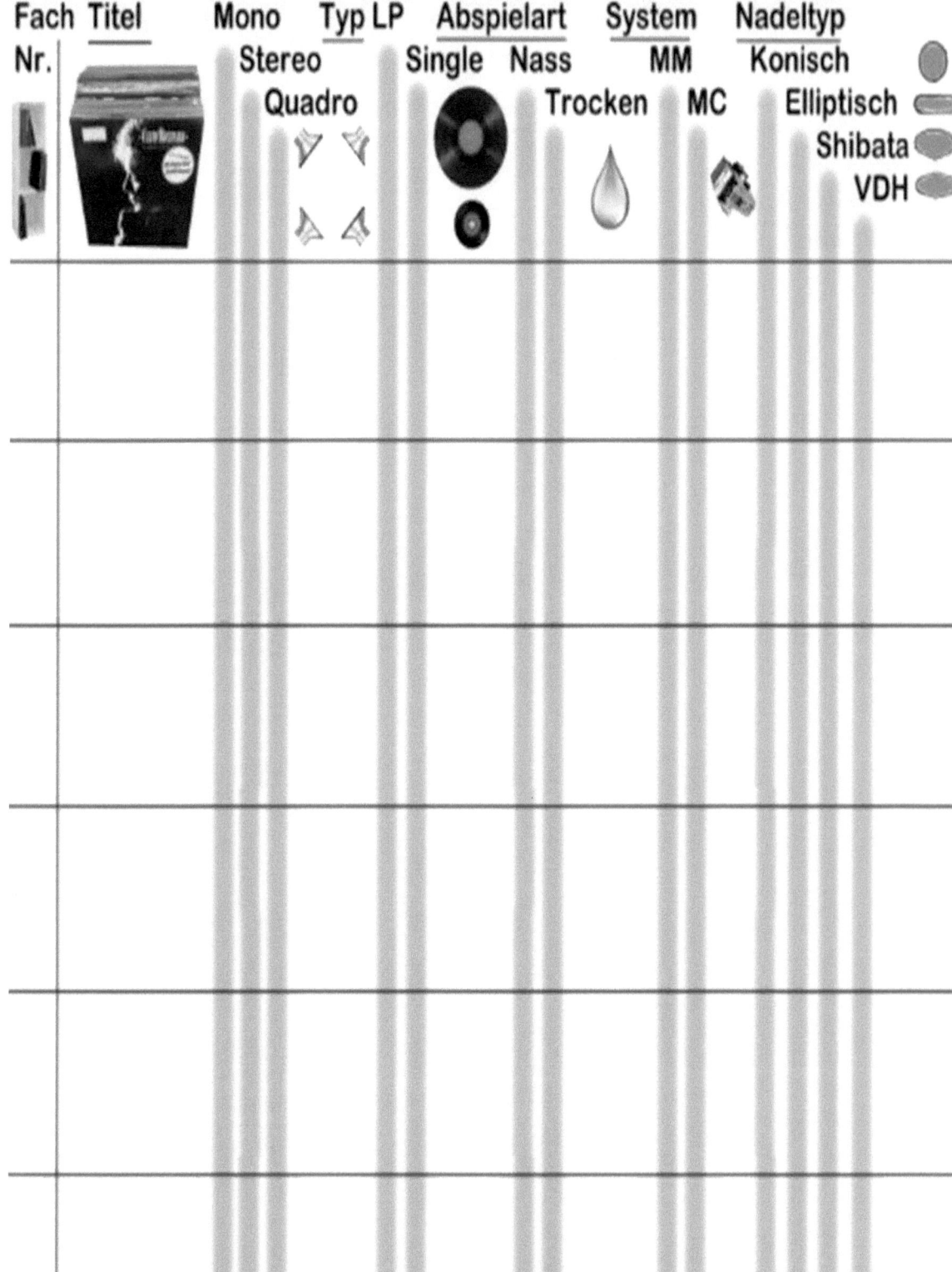

Fach Nr.	Titel	Mono Stereo Quadro	Typ	LP Single	Abspielart Nass Trocken	System MM MC	Nadeltyp Konisch Elliptisch Shibata VDH

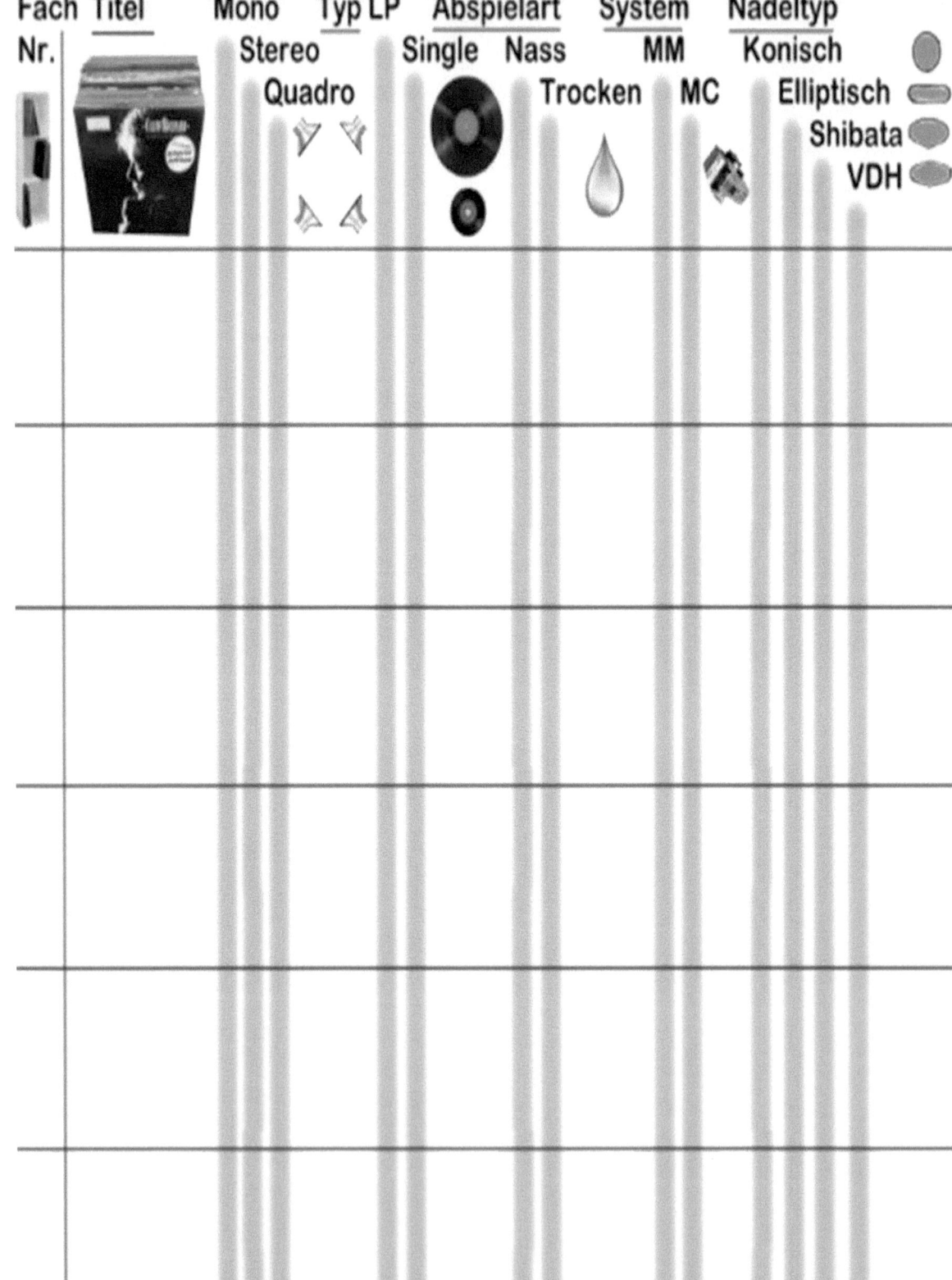

Fach Nr.	Titel	Mono Stereo Quadro	Typ LP Single	Abspielart Nass Trocken	System MM MC	Nadeltyp Konisch Elliptisch Shibata VDH

Fach Nr.	Titel	Mono Stereo Quadro	Typ	LP Single	Abspielart Nass Trocken	System MM MC	Nadeltyp Konisch Elliptisch Shibata VDH
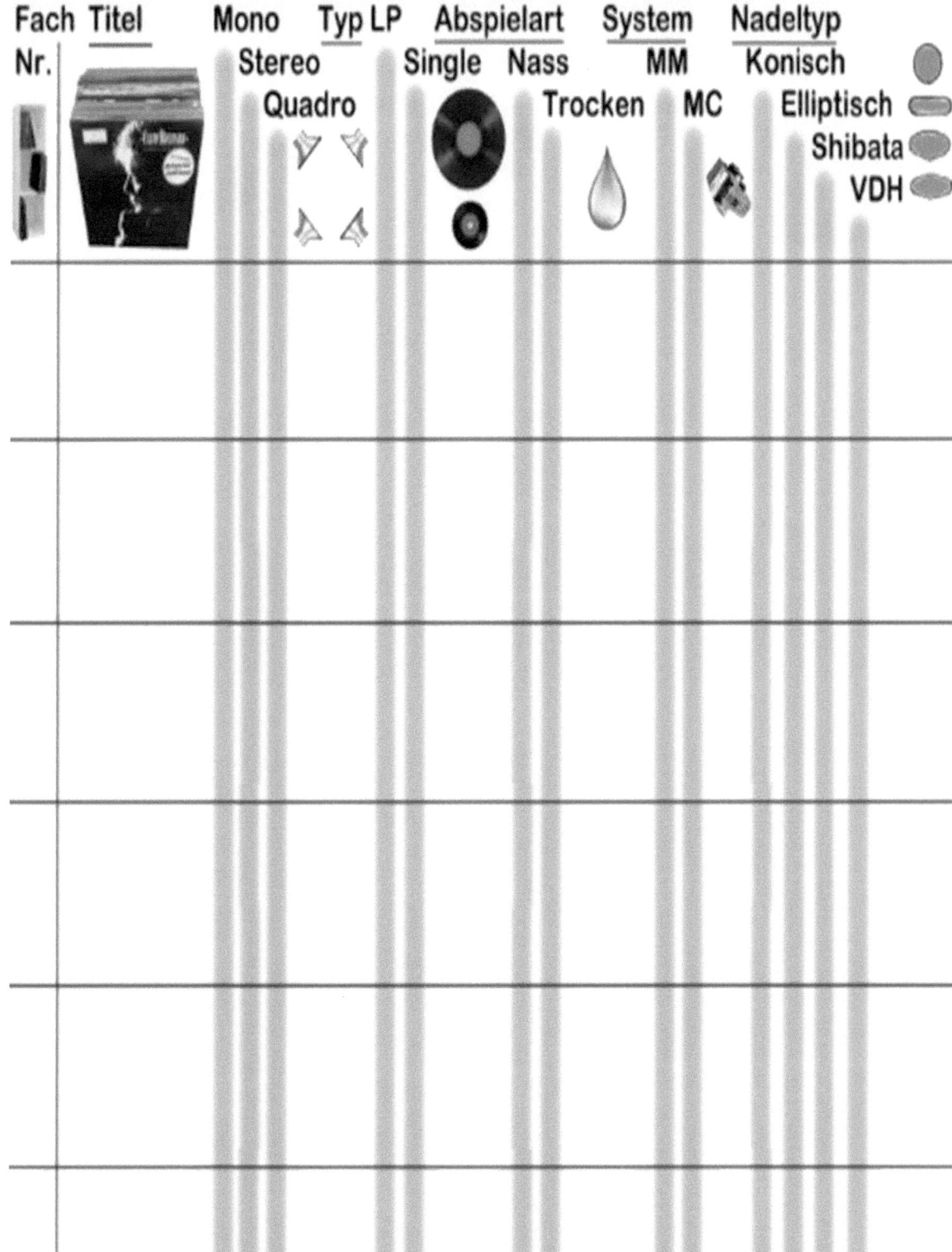

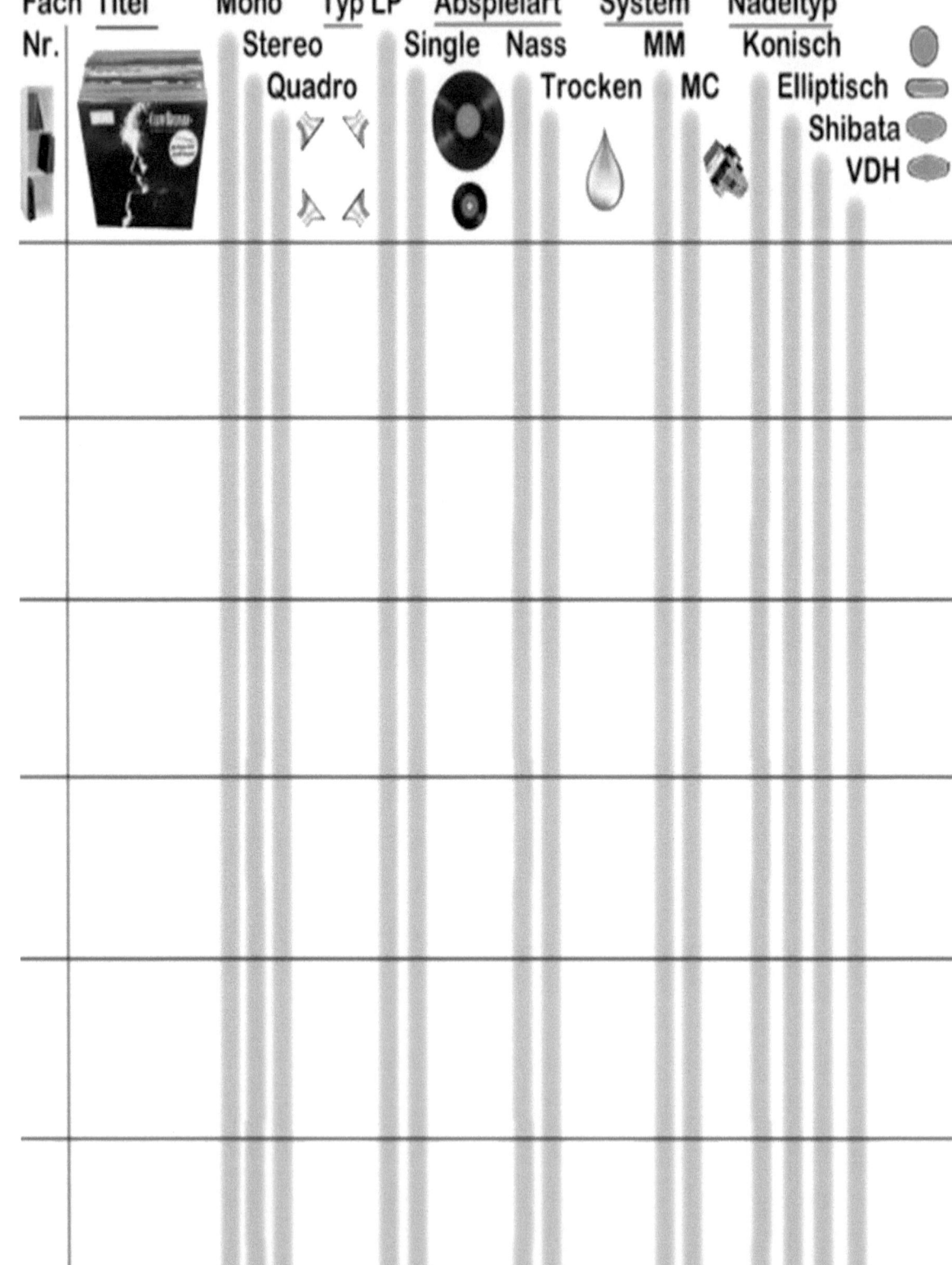

Fach Nr.	Titel	Mono Stereo Quadro	Typ LP Single	Abspielart Nass Trocken	System MM MC	Nadeltyp Konisch Elliptisch Shibata VDH

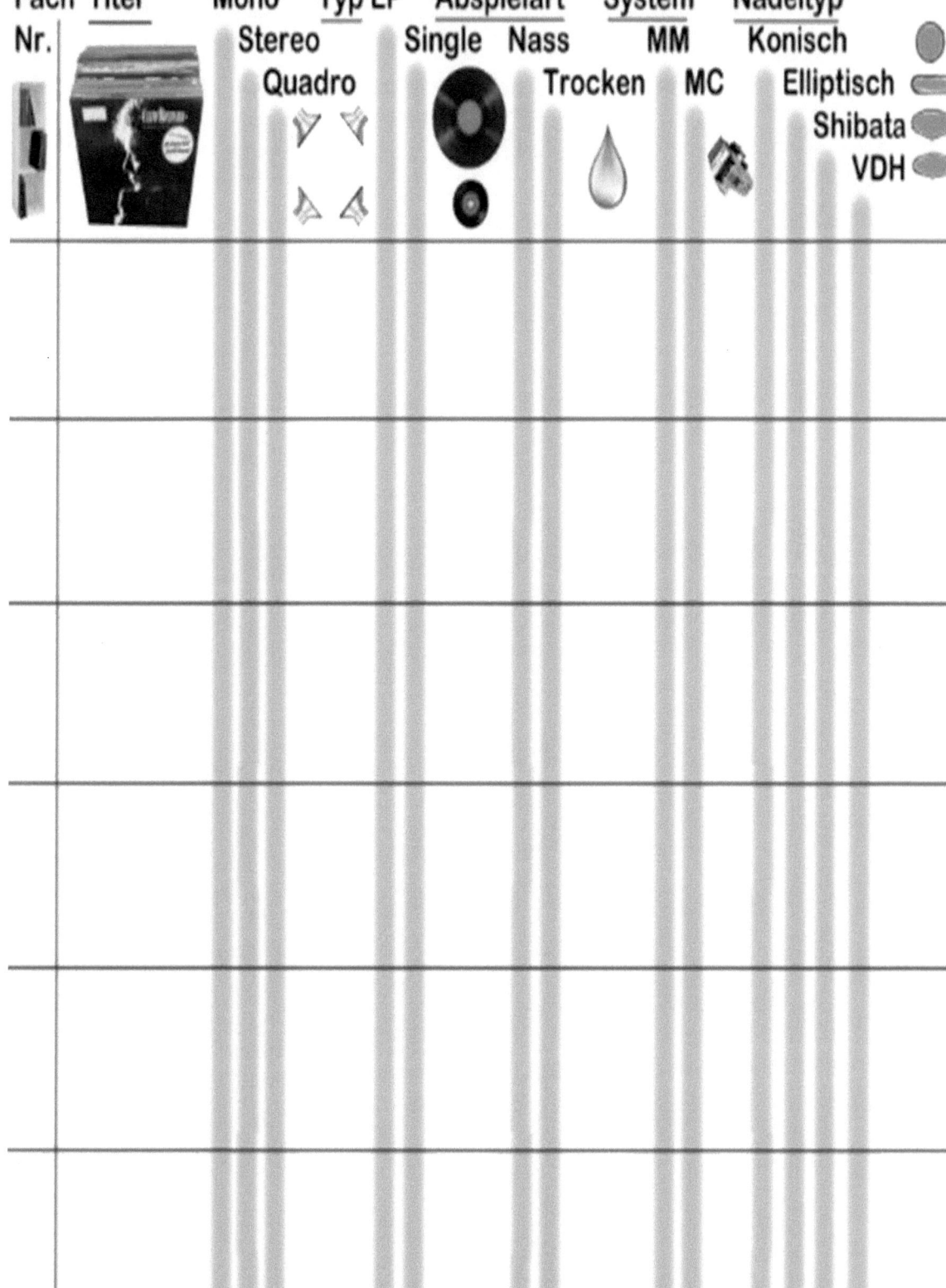

Fach Nr.	Titel	Mono Stereo Quadro	Typ	LP Single	Abspielart Nass Trocken	System MM MC	Nadeltyp Konisch Elliptisch Shibata VDH

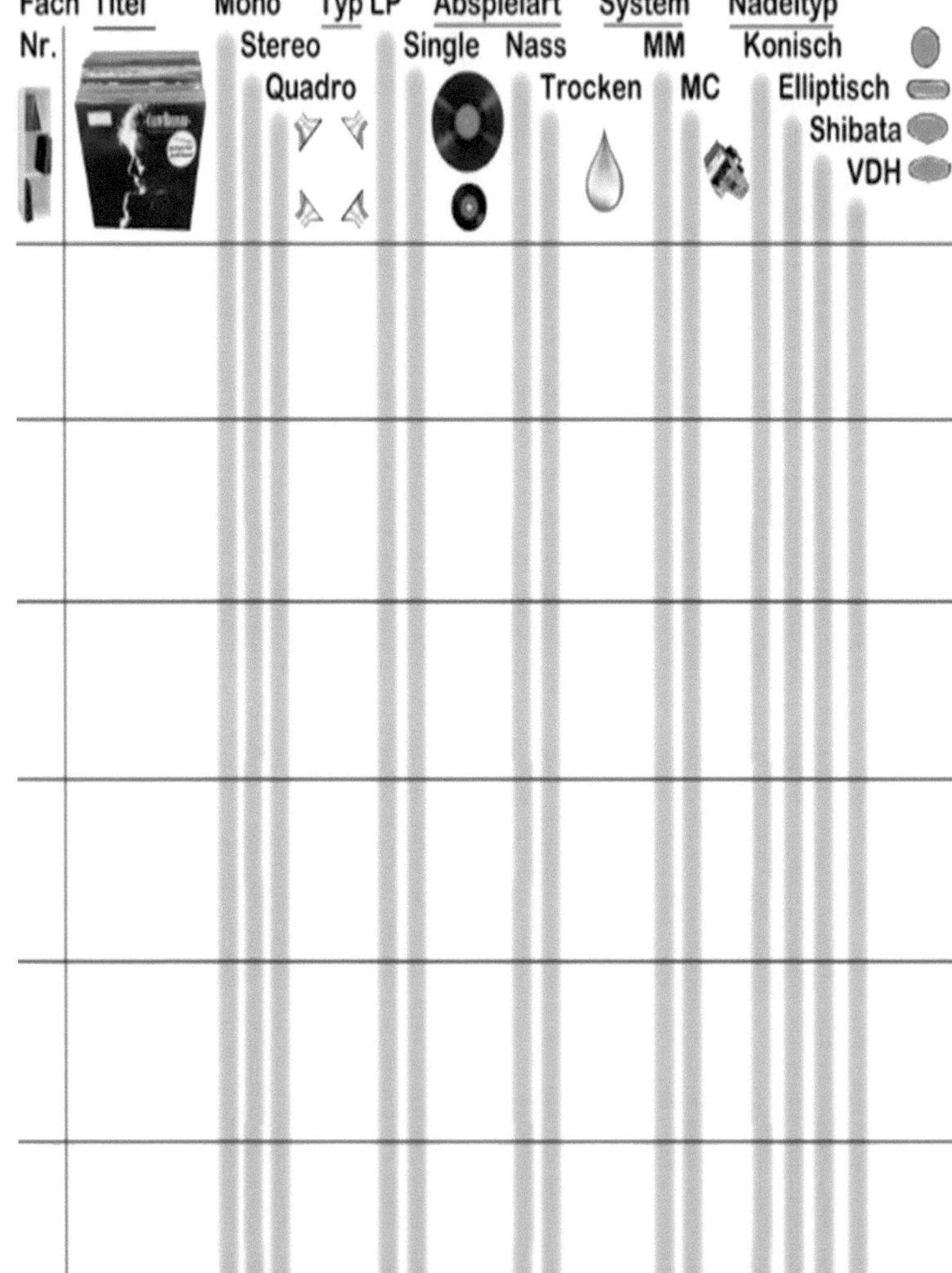

Fach Nr.	Titel	Mono Stereo Quadro	Typ LP	Abspielart Single	Nass Trocken	System MM MC	Nadeltyp Konisch Elliptisch Shibata VDH

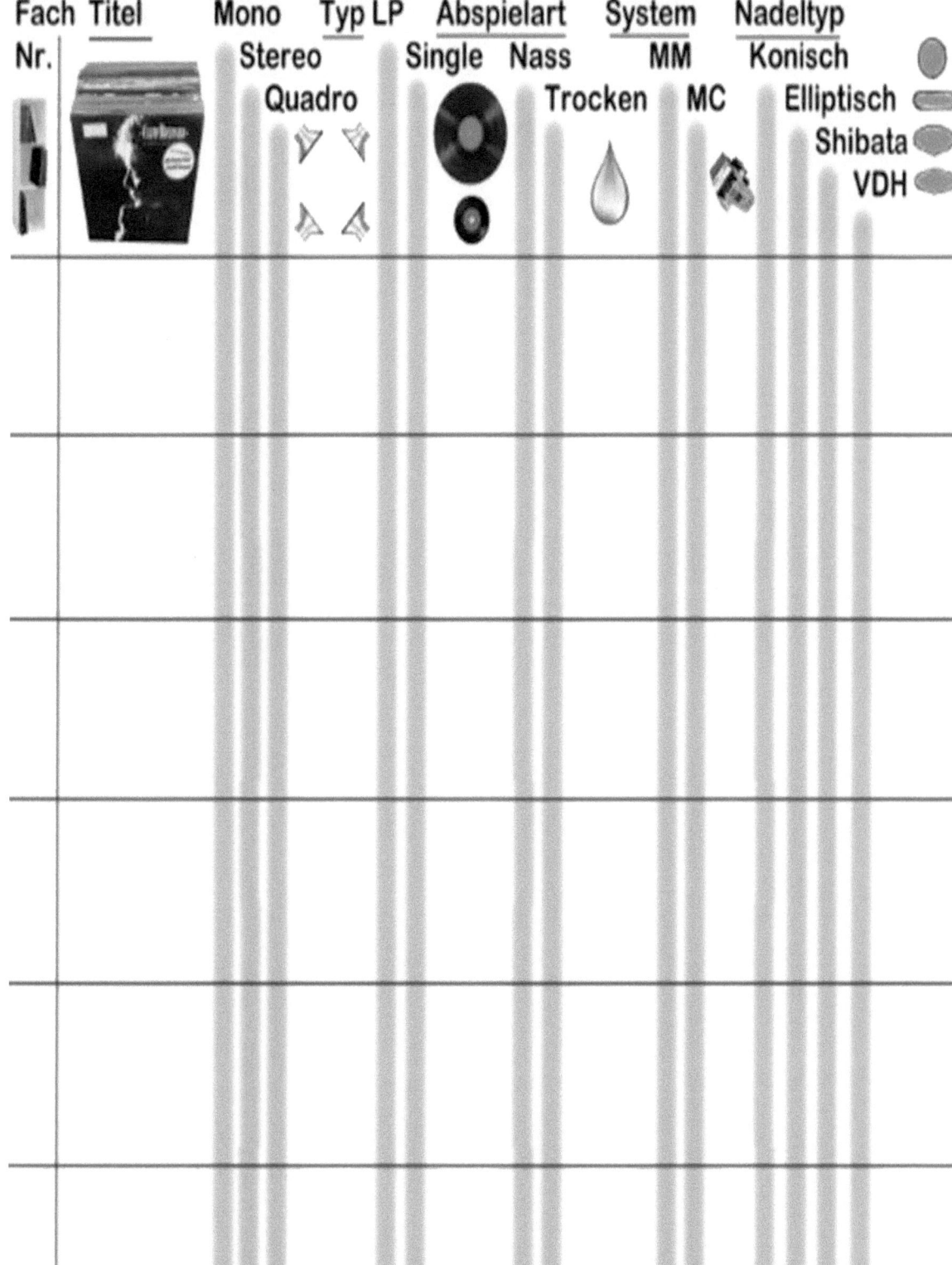

Fach Nr.	Titel	Mono Stereo Quadro	Typ	LP Single	Abspielart Nass Trocken	System MM MC	Nadeltyp Konisch Elliptisch Shibata VDH

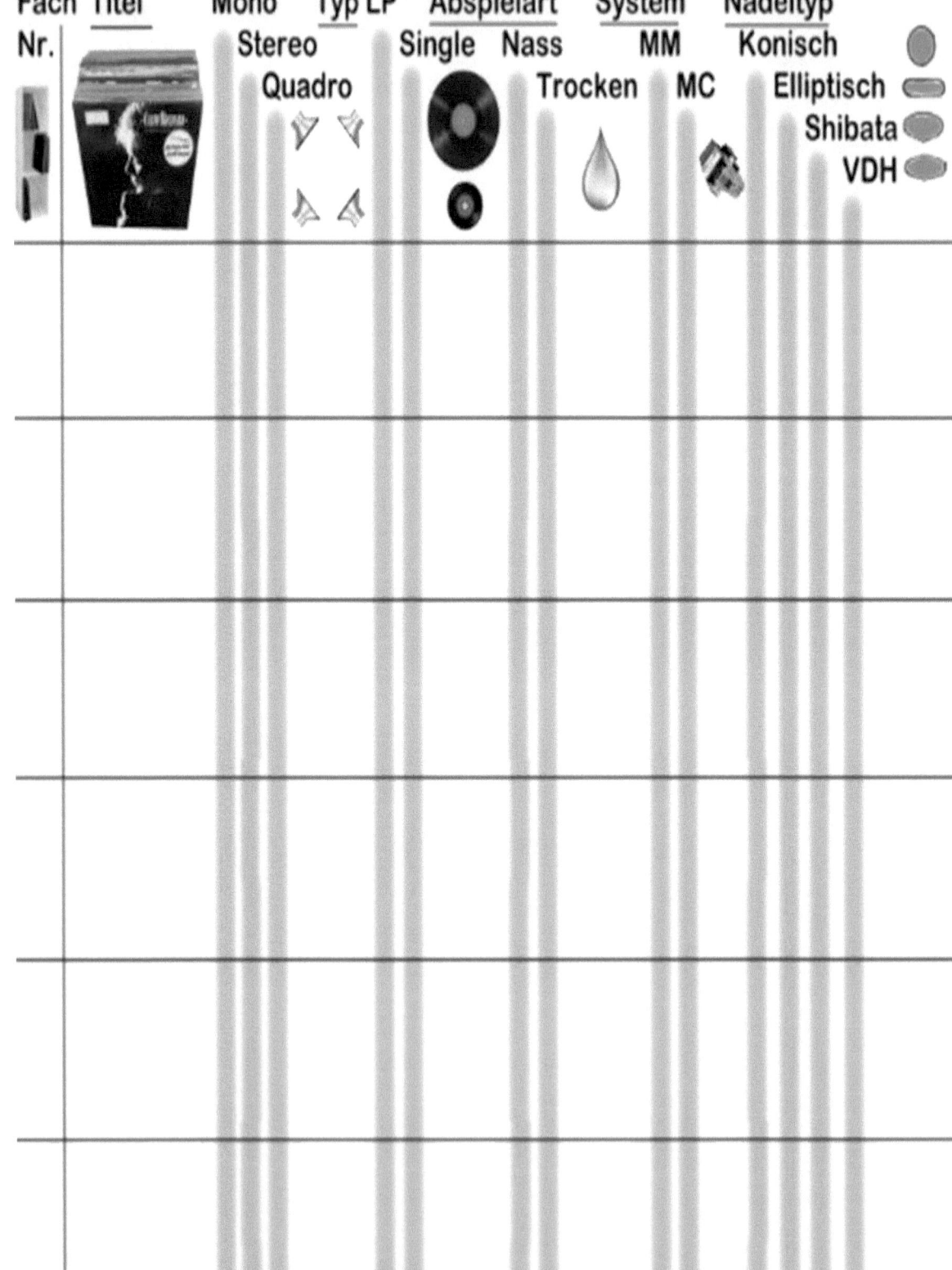

Fach Nr.	Titel	Mono Stereo Quadro	Typ LP Single	Abspielart	Nass Trocken	System MM MC	Nadeltyp Konisch Elliptisch Shibata VDH

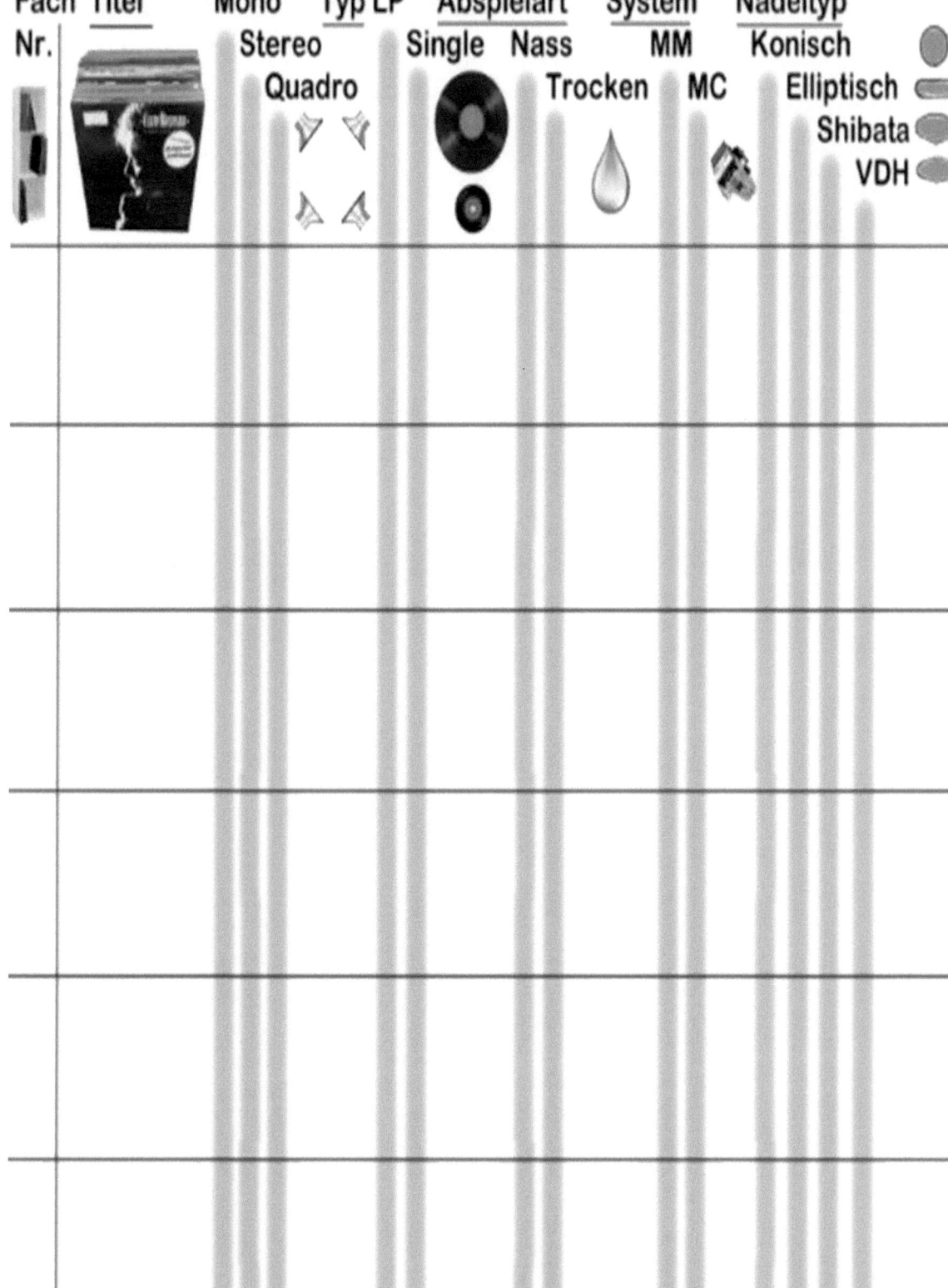

Fach Nr.	Titel	Mono Stereo Quadro	Typ	LP Single	Abspielart Nass Trocken	System MM MC	Nadeltyp Konisch Elliptisch Shibata VDH

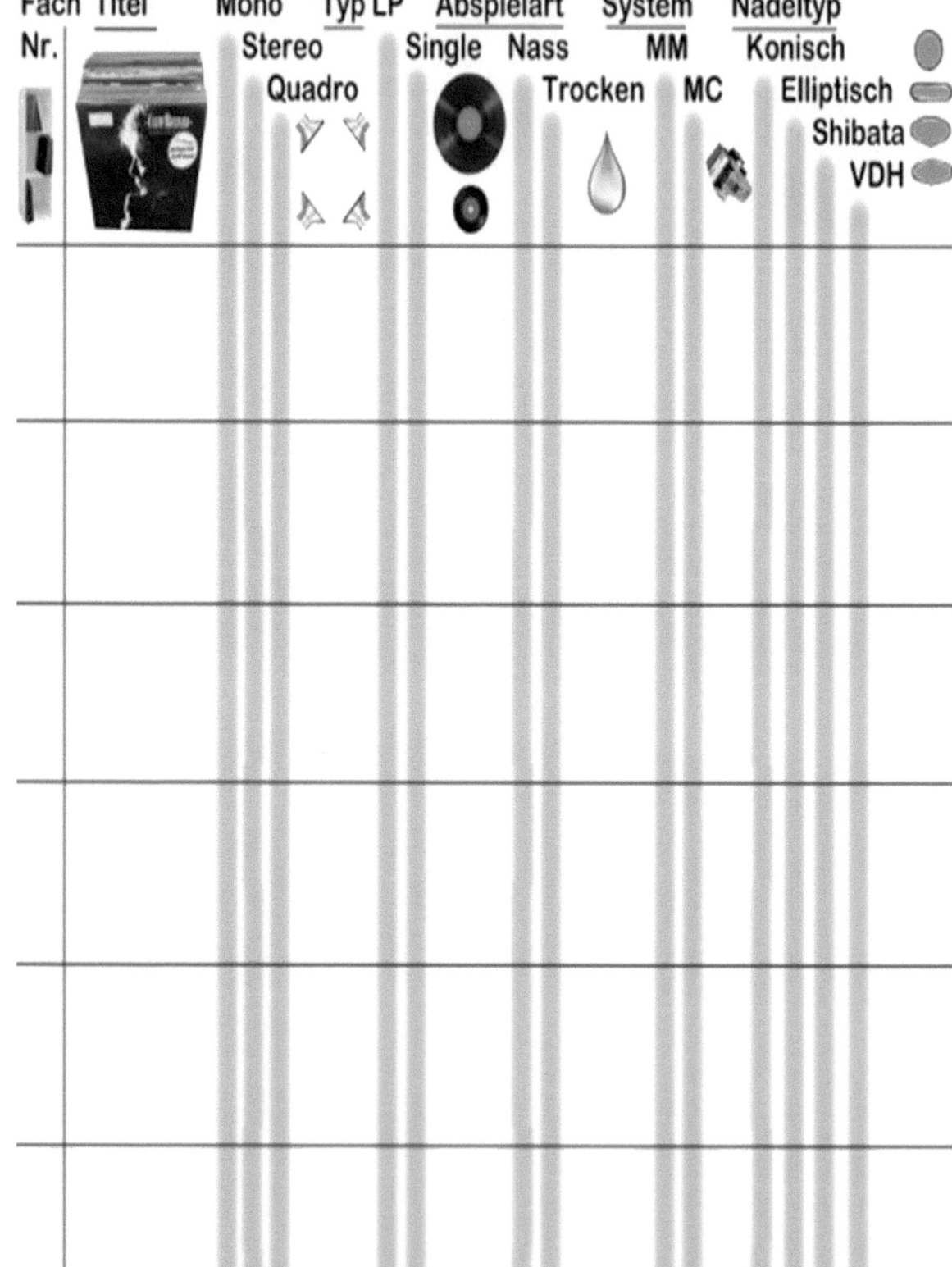

Fach Nr.	Titel	Mono Stereo Quadro	Typ	LP Single	Abspielart Nass Trocken	System MM MC	Nadeltyp Konisch Elliptisch Shibata VDH

Fach Nr.	Titel	Mono Stereo Quadro	Typ LP Single	Abspielart Nass Trocken	System MM MC	Nadeltyp Konisch Elliptisch Shibata VDH

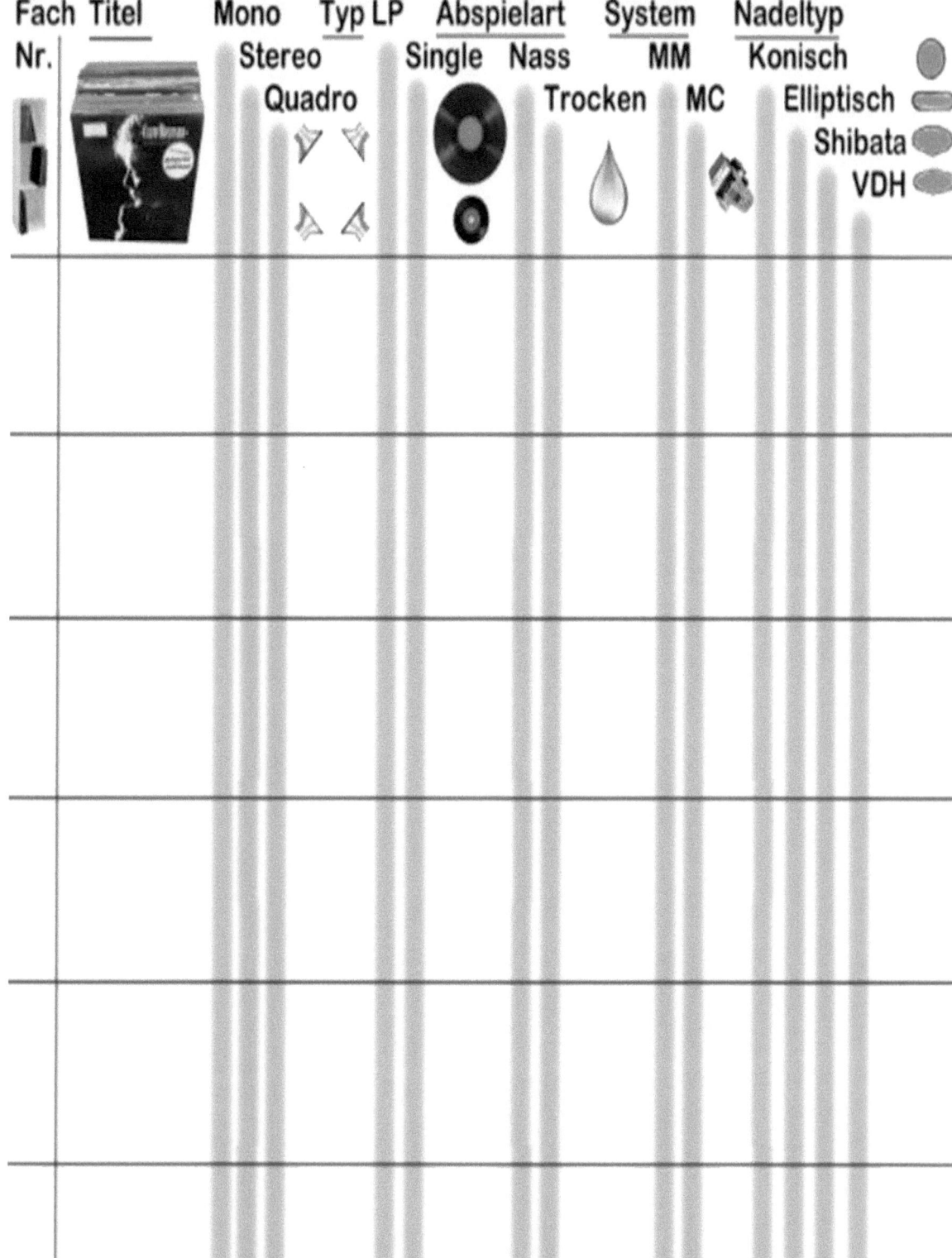

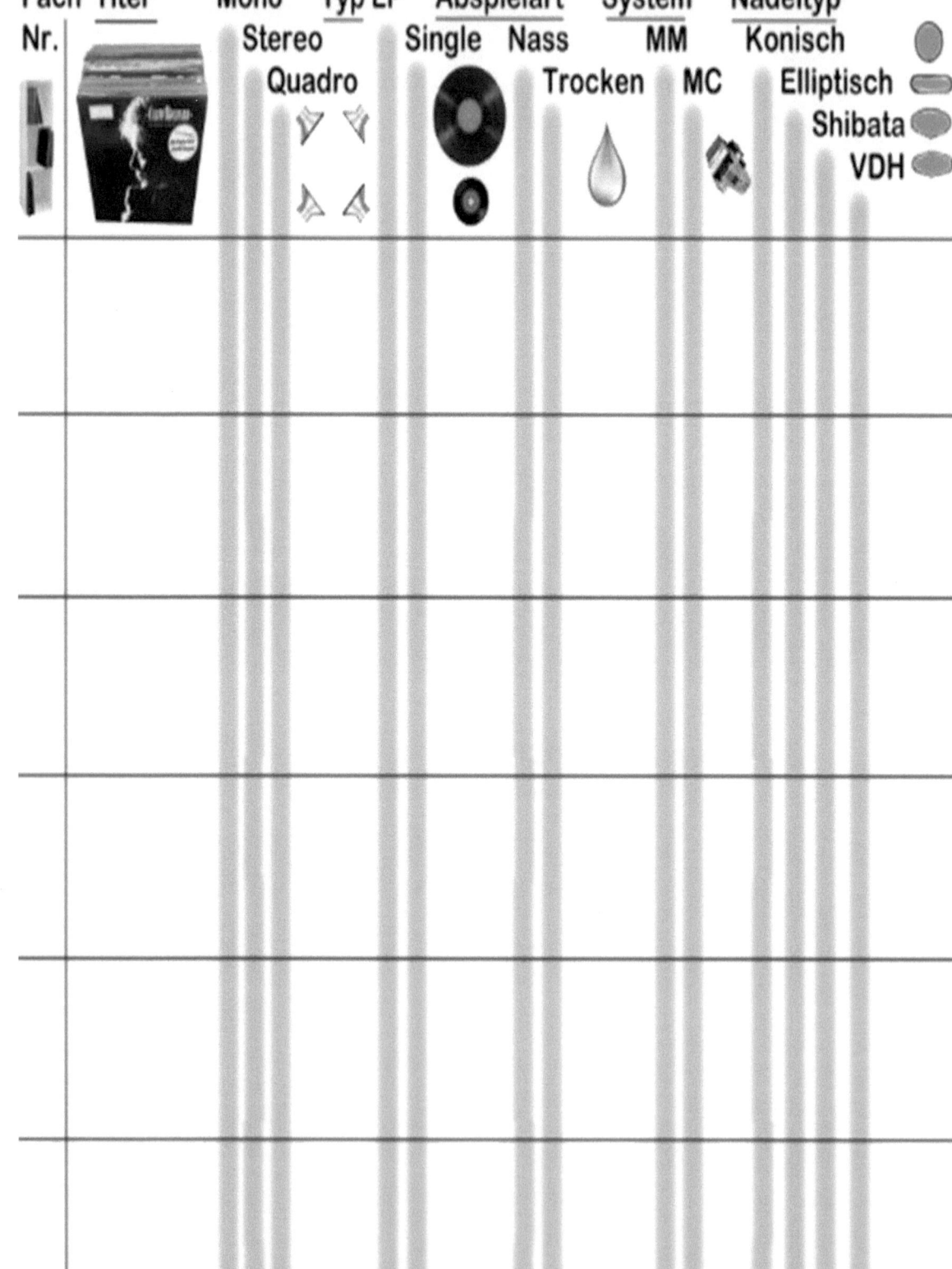

Fach Nr.	Titel	Mono Stereo Quadro	Typ LP Single	Abspielart Nass Trocken	System MM MC	Nadeltyp Konisch Elliptisch Shibata VDH

Fach Nr.	Titel	Mono Stereo Quadro	Typ LP Single	Abspielart Nass Trocken	System MM MC	Nadeltyp Konisch Elliptisch Shibata VDH

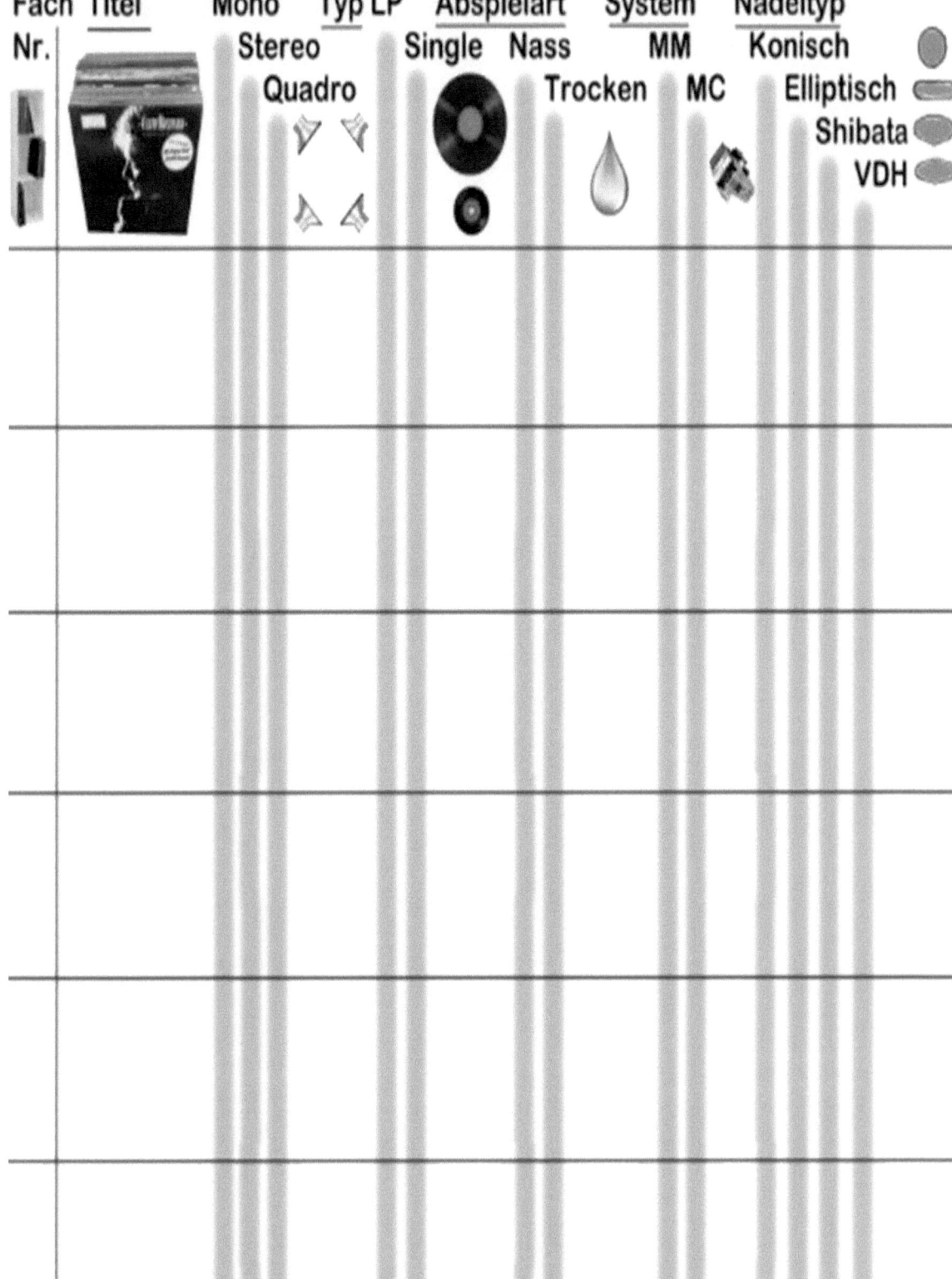

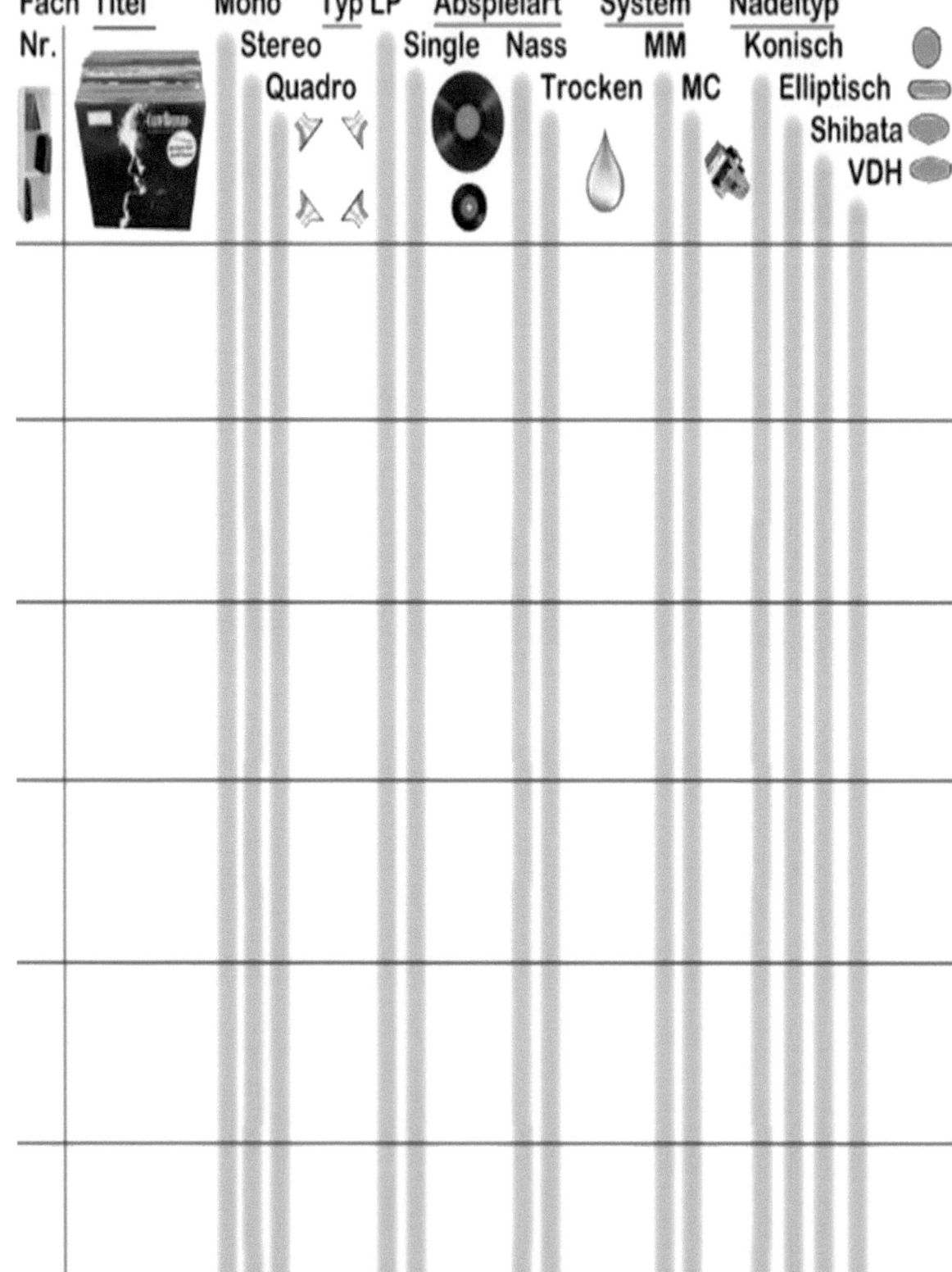

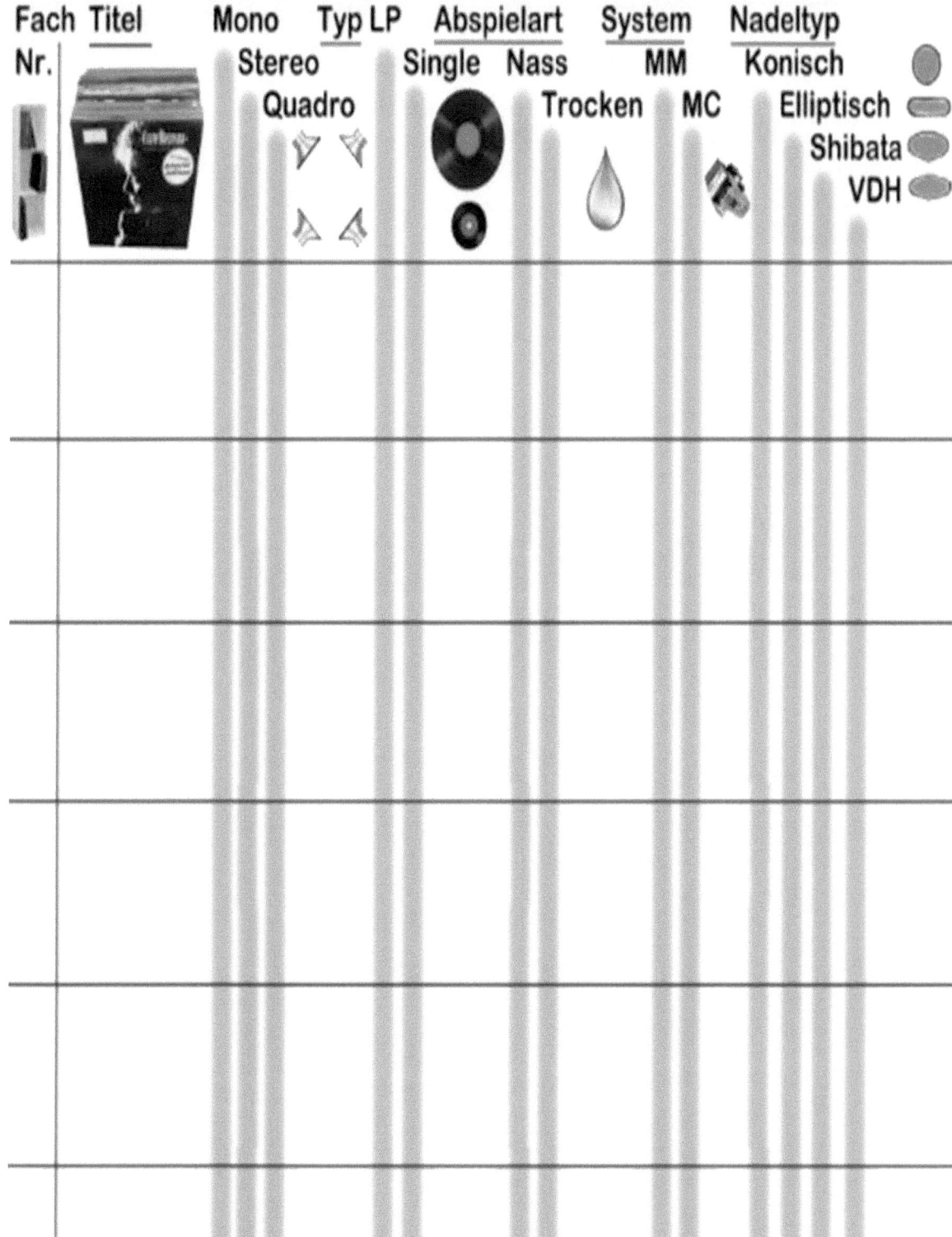

Fach Nr.	Titel	Mono Stereo Quadro	Typ	LP Single	Abspielart Nass Trocken	System MM MC	Nadeltyp Konisch Elliptisch Shibata VDH

Fach Nr.	Titel	Mono Stereo Quadro	Typ	LP Single	Abspielart Nass Trocken	System MM MC	Nadeltyp Konisch Elliptisch Shibata VDH

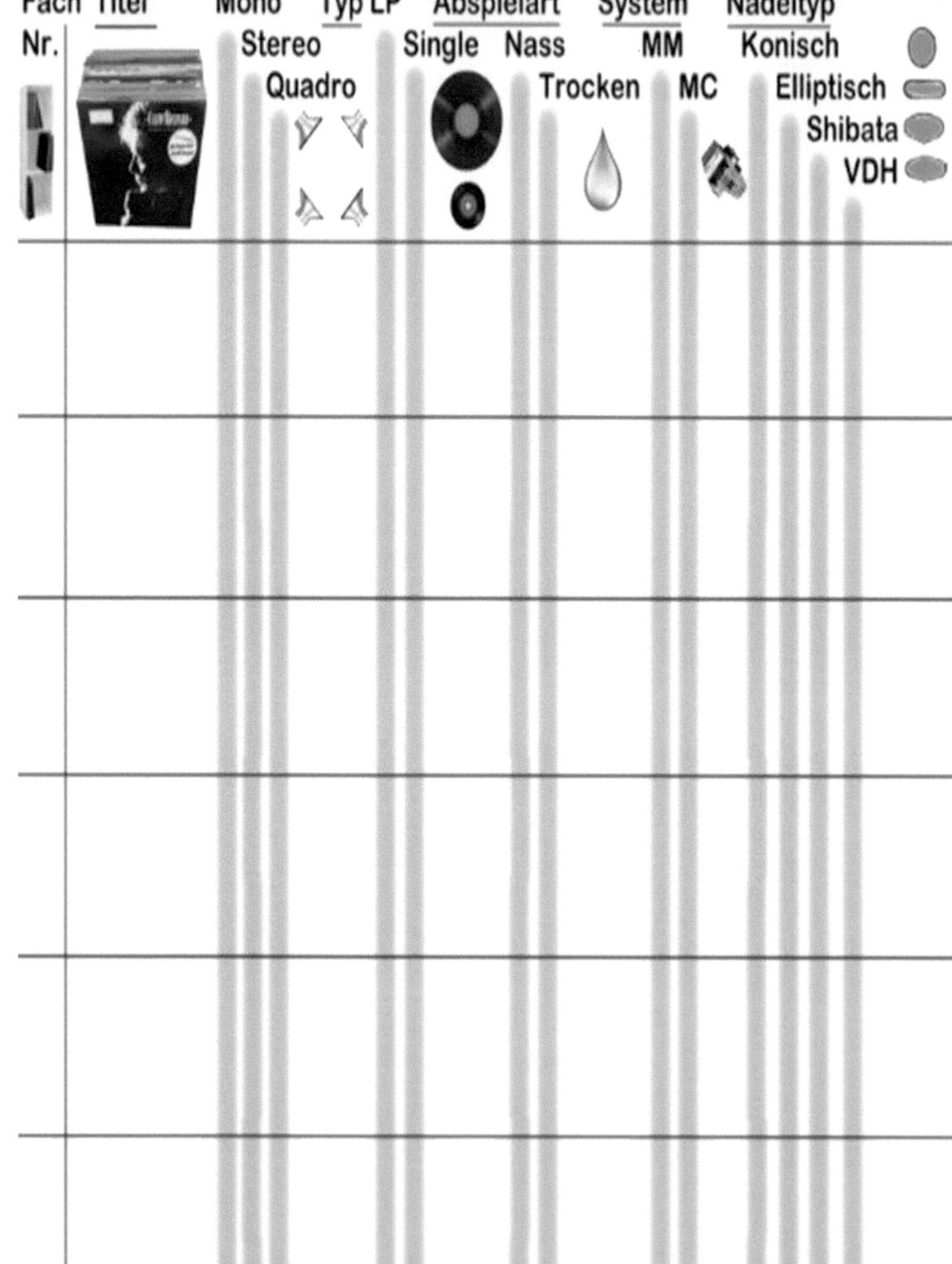

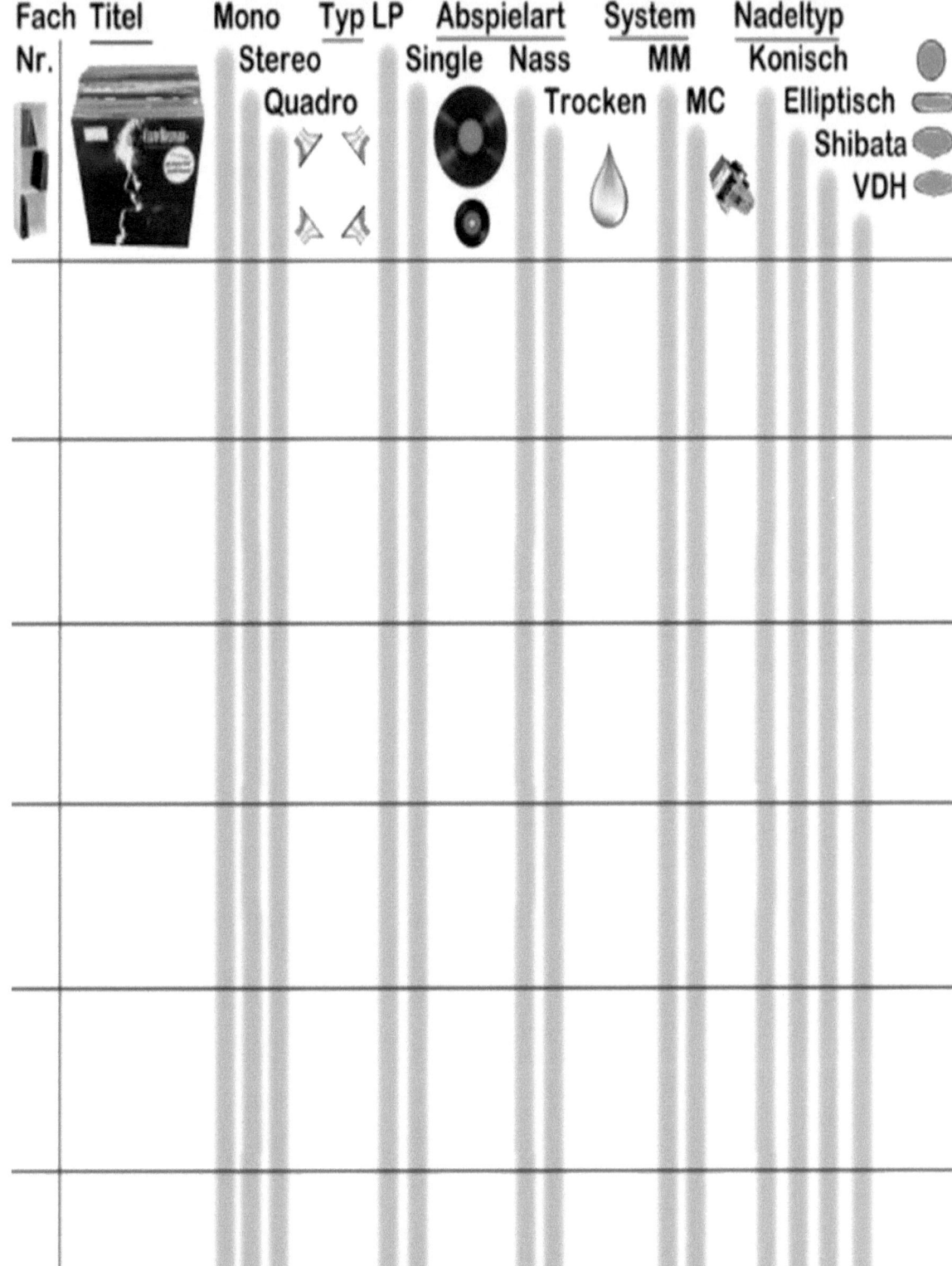

Fach Nr.	Titel	Mono Stereo Quadro	Typ	LP Single	Abspielart Nass Trocken	System MM MC	Nadeltyp Konisch Elliptisch Shibata VDH

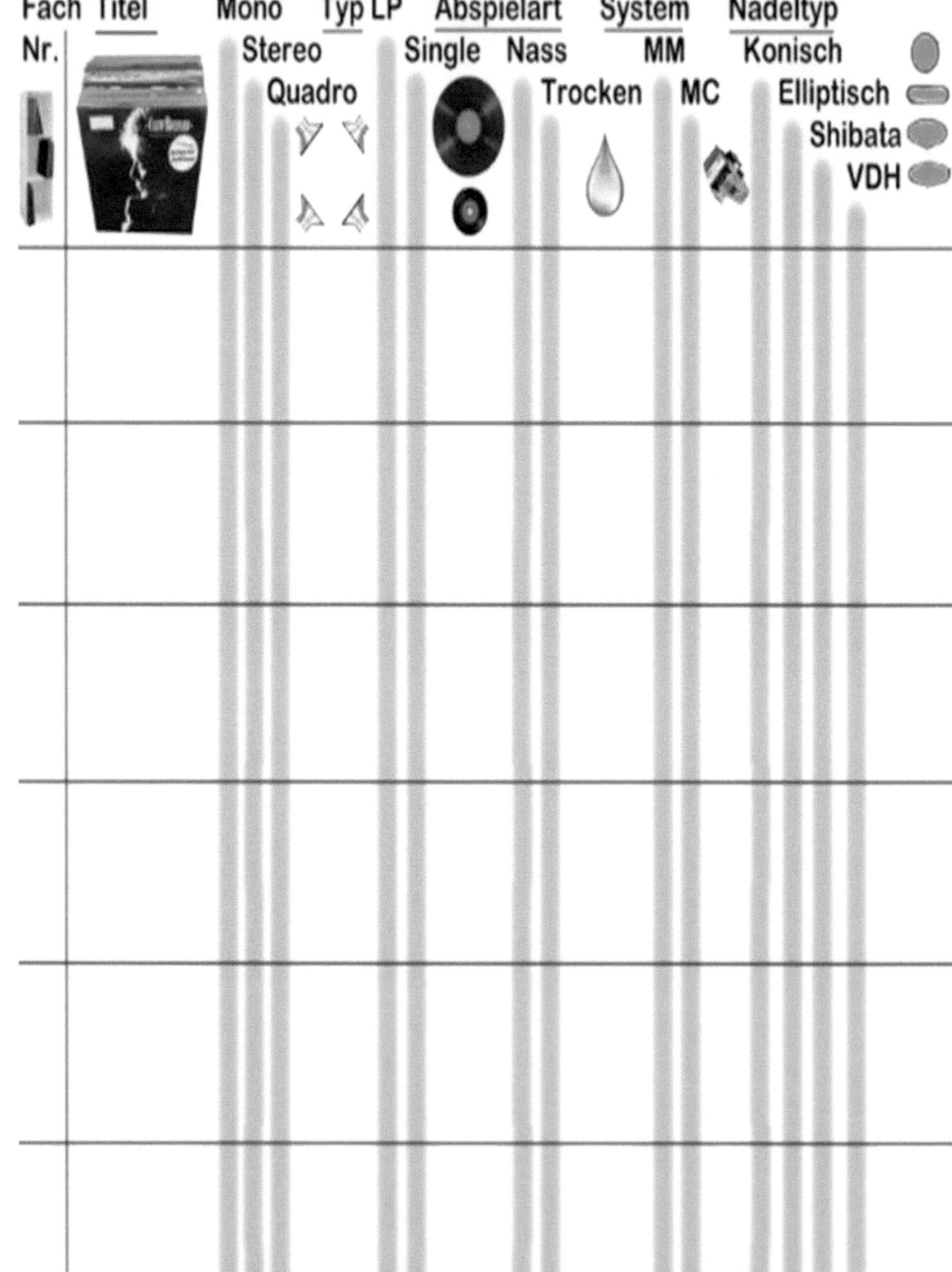

Fach Nr.	Titel	Mono Stereo Quadro	Typ LP Single	Abspielart	Nass Trocken	System MM MC	Nadeltyp Konisch Elliptisch Shibata VDH

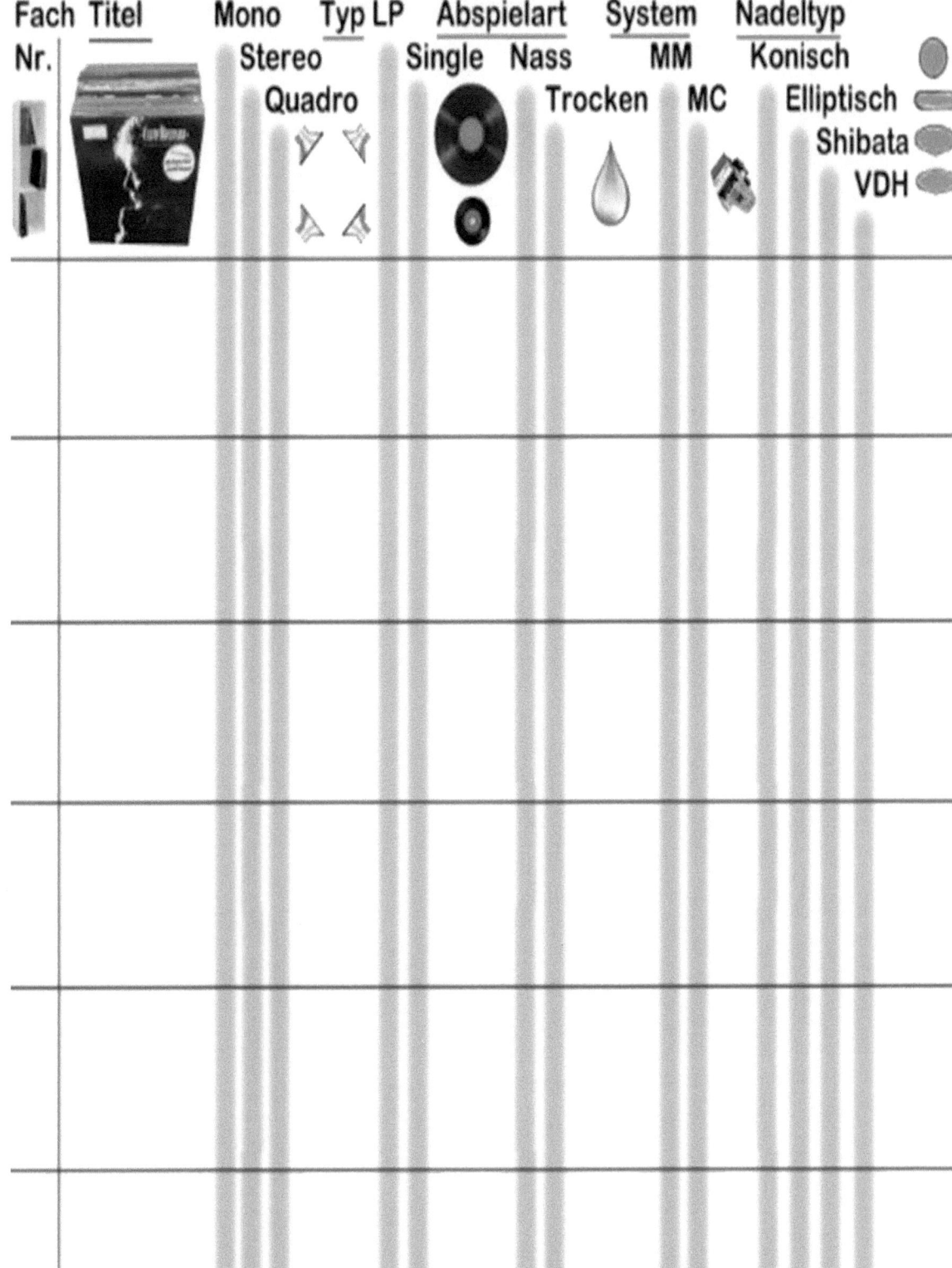

Fach Nr.	Titel	Mono Stereo Quadro	Typ LP Single	Abspielart Nass Trocken	System MM MC	Nadeltyp Konisch Elliptisch Shibata VDH

Fach Nr.	Titel	Mono Stereo Quadro	Typ LP Single	Abspielart Nass Trocken	System MM MC	Nadeltyp Konisch Elliptisch Shibata VDH

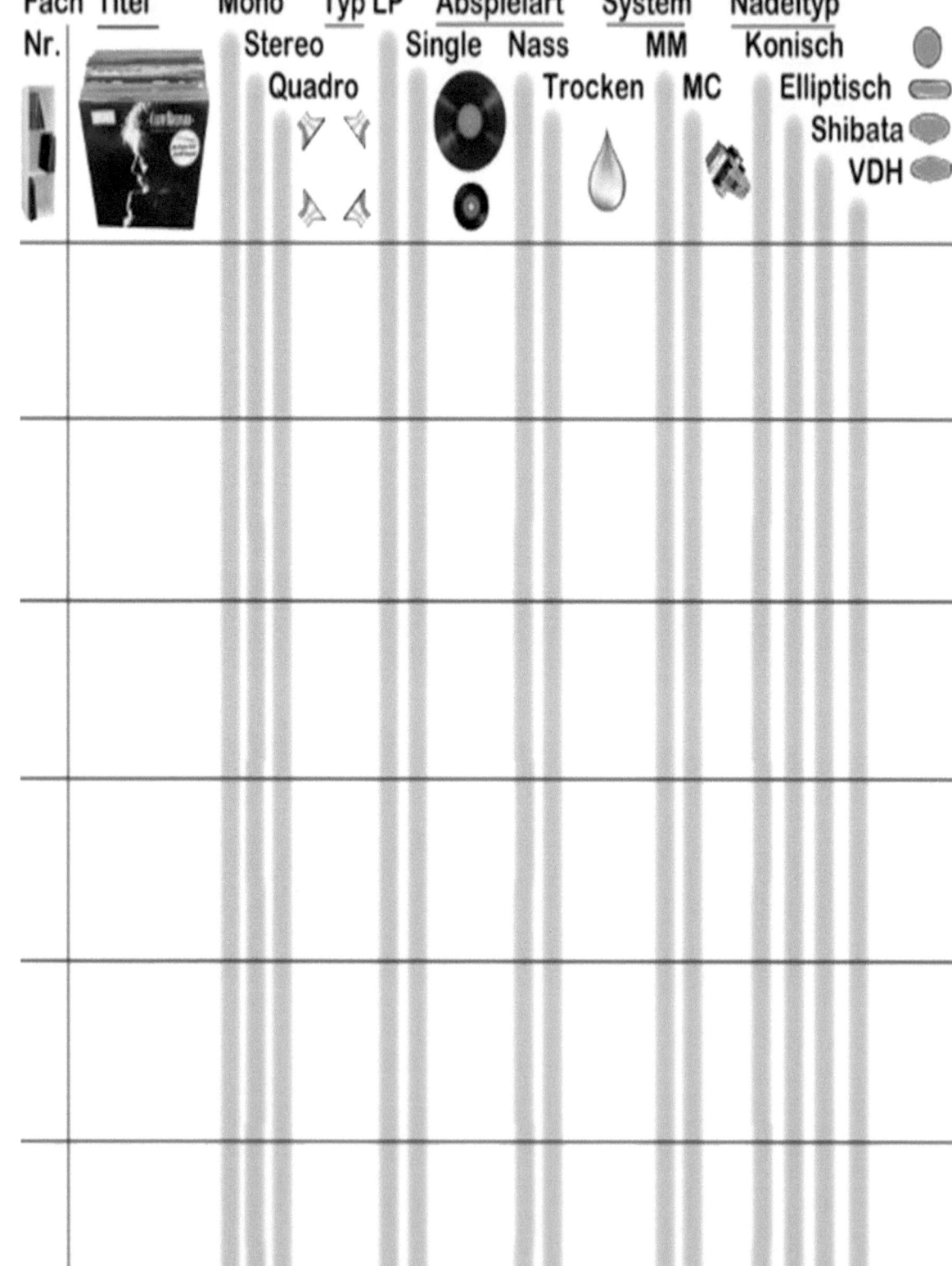

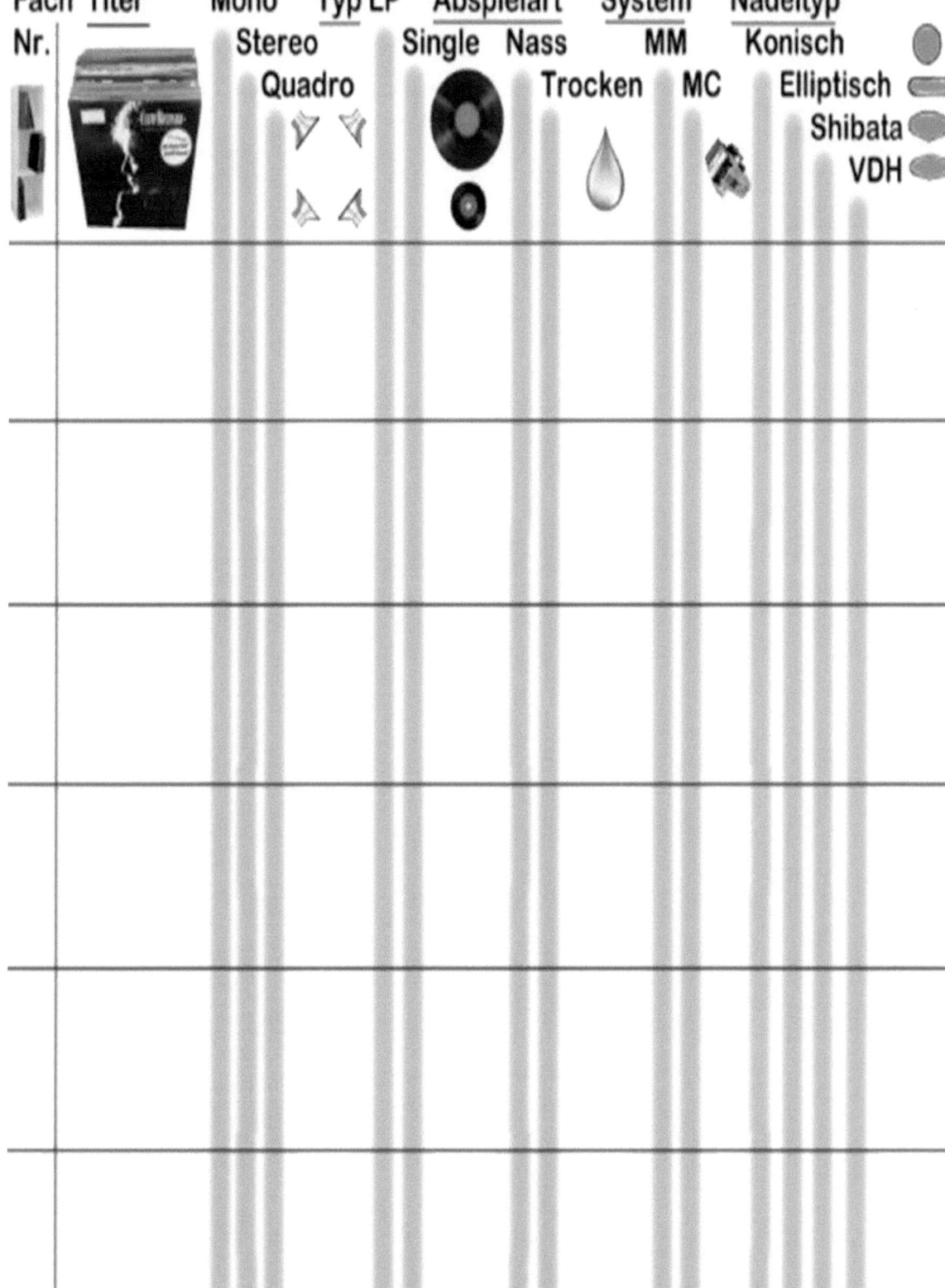

Fach Nr.	Titel	Mono Stereo Quadro	Typ	LP Single	Abspielart Nass Trocken	System MM MC	Nadeltyp Konisch Elliptisch Shibata VDH

Fach Nr.	Titel	Mono Stereo Quadro	Typ LP	Abspielart Single	Nass Trocken	System MM MC	Nadeltyp Konisch Elliptisch Shibata VDH
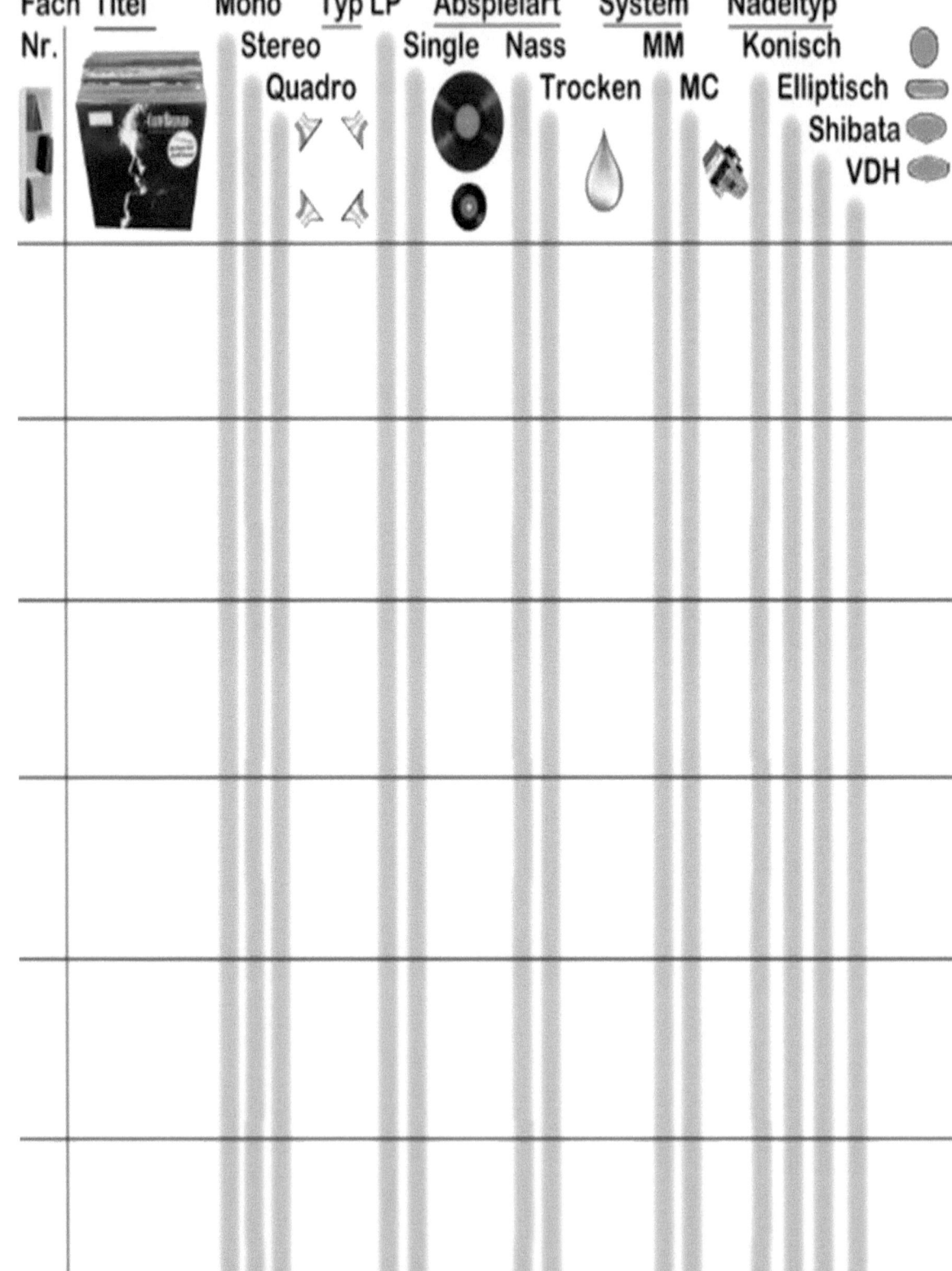

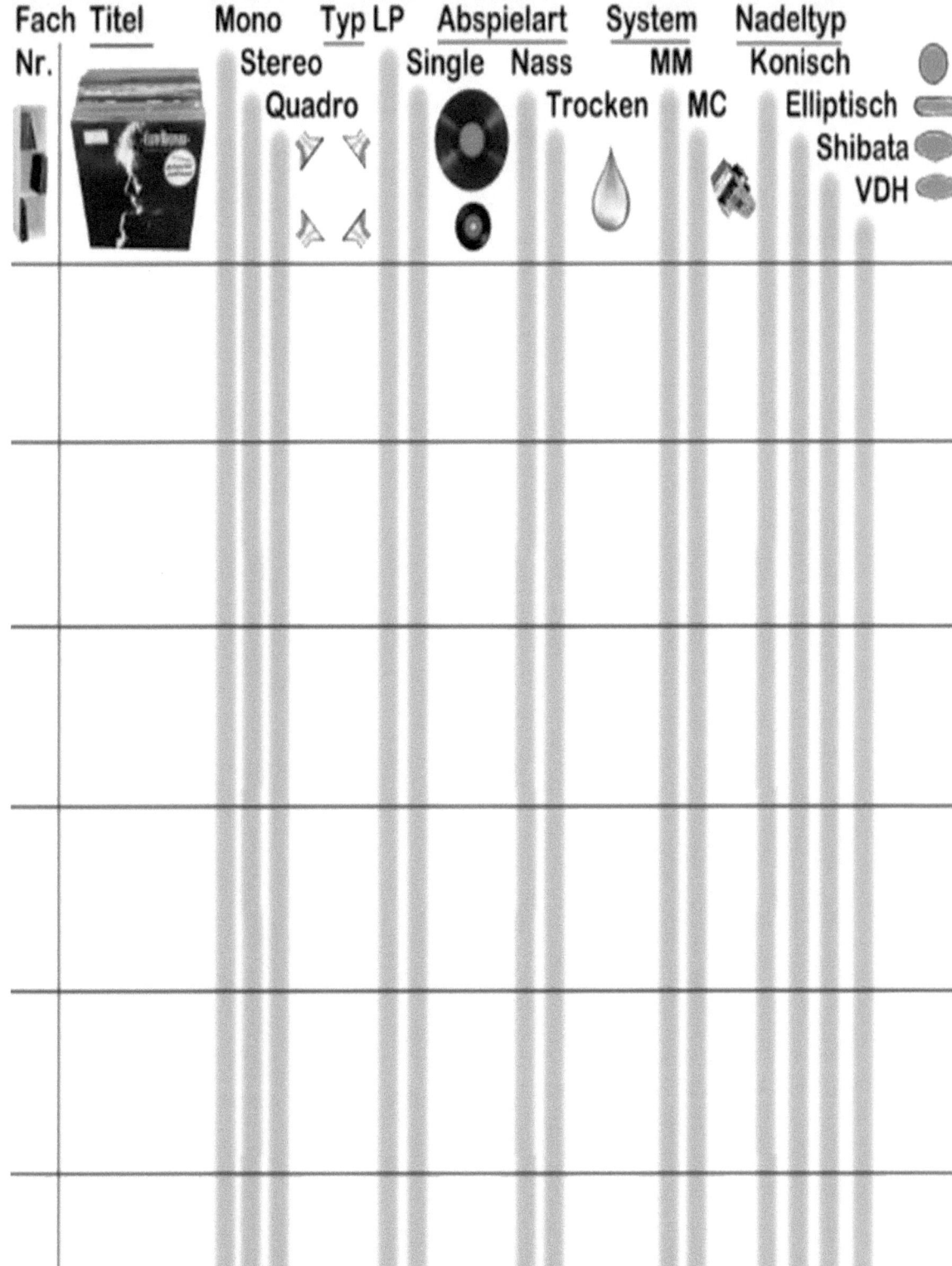

Fach Nr.	Titel	Mono Stereo Quadro	Typ LP	Abspielart Single	Nass Trocken	System MM MC	Nadeltyp Konisch Elliptisch Shibata VDH

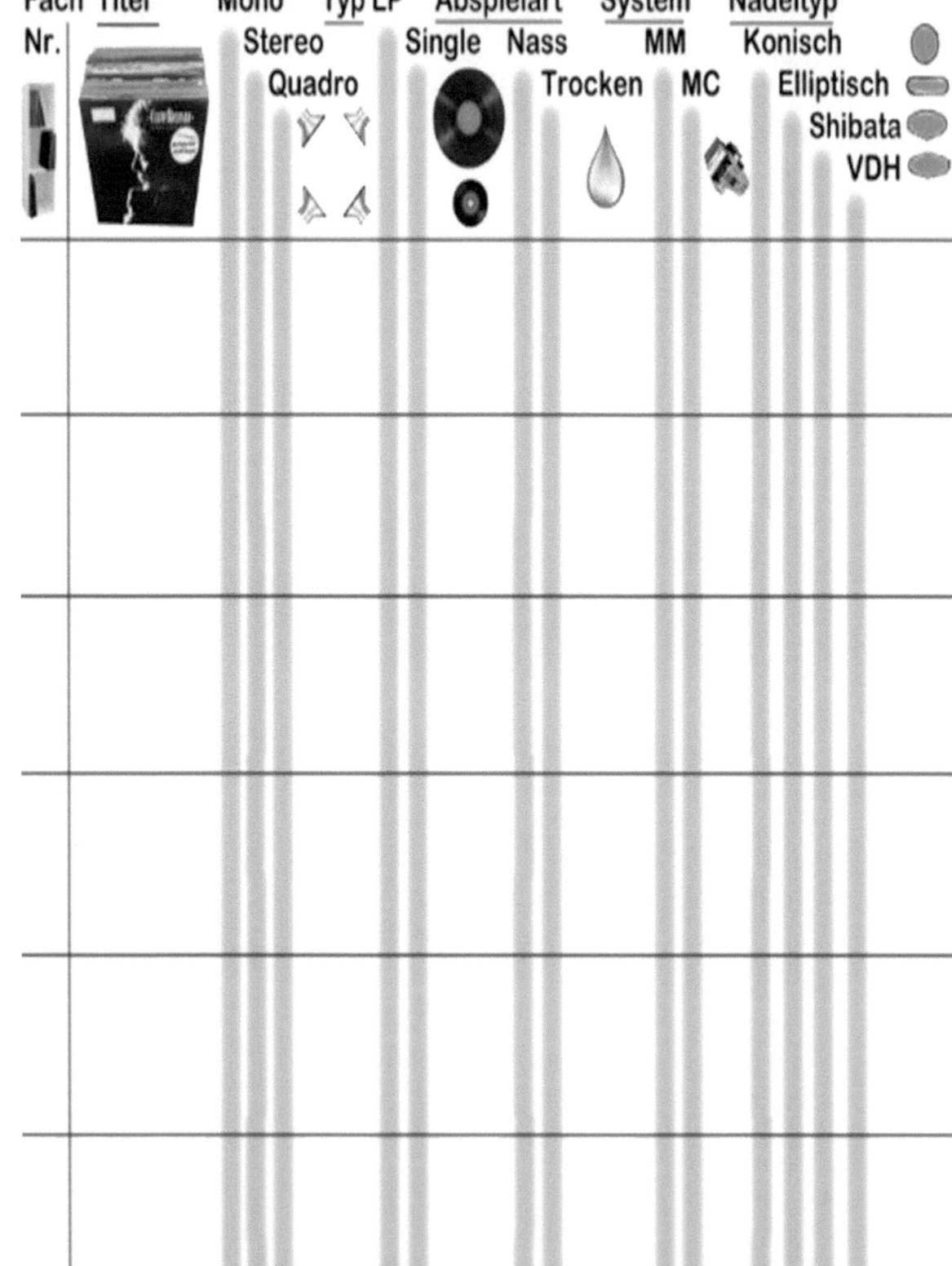

Fach Nr.	Titel	Mono Stereo Quadro	Typ	LP Single	Abspielart Nass Trocken	System MM MC	Nadeltyp Konisch Elliptisch Shibata VDH
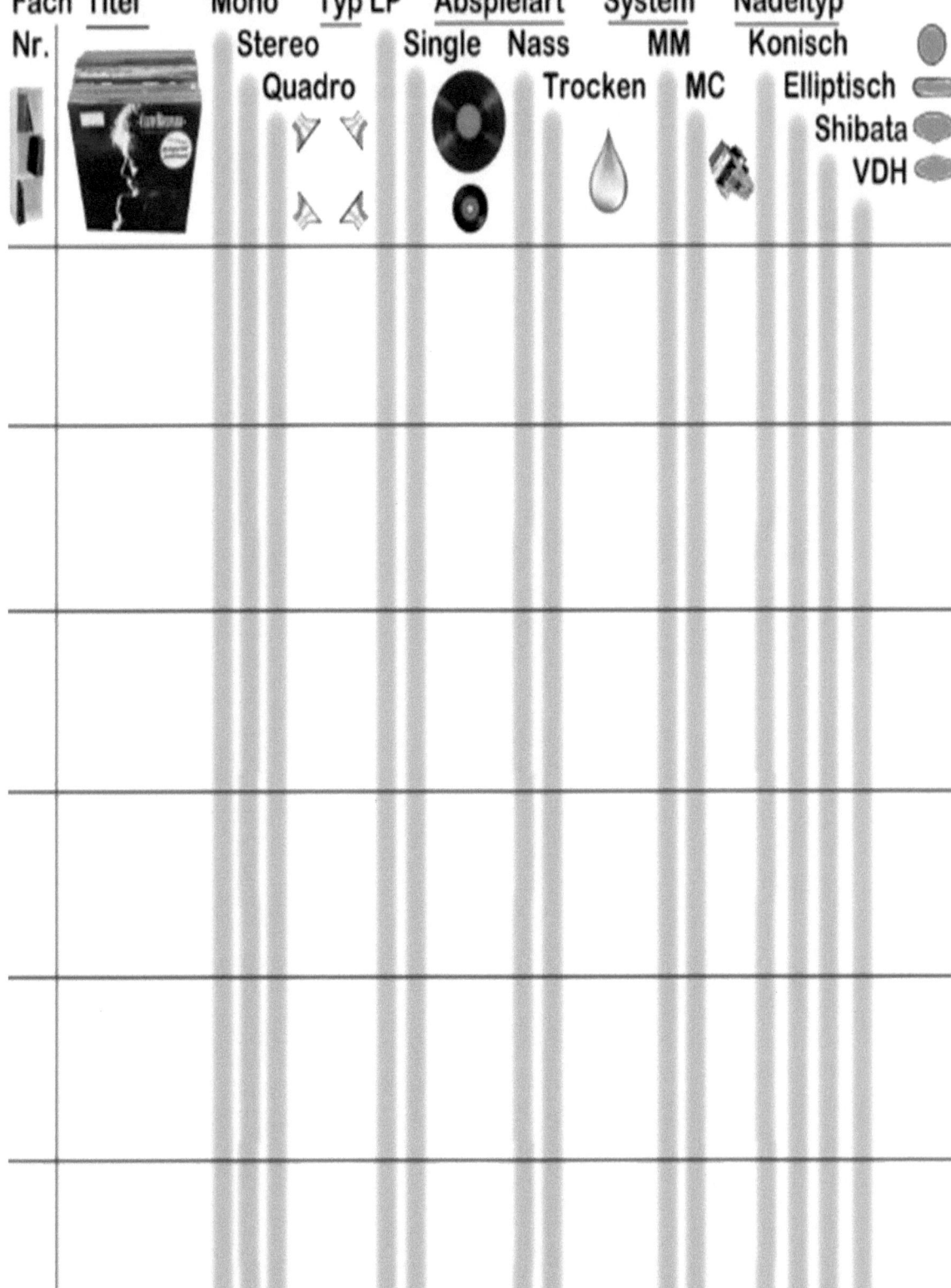

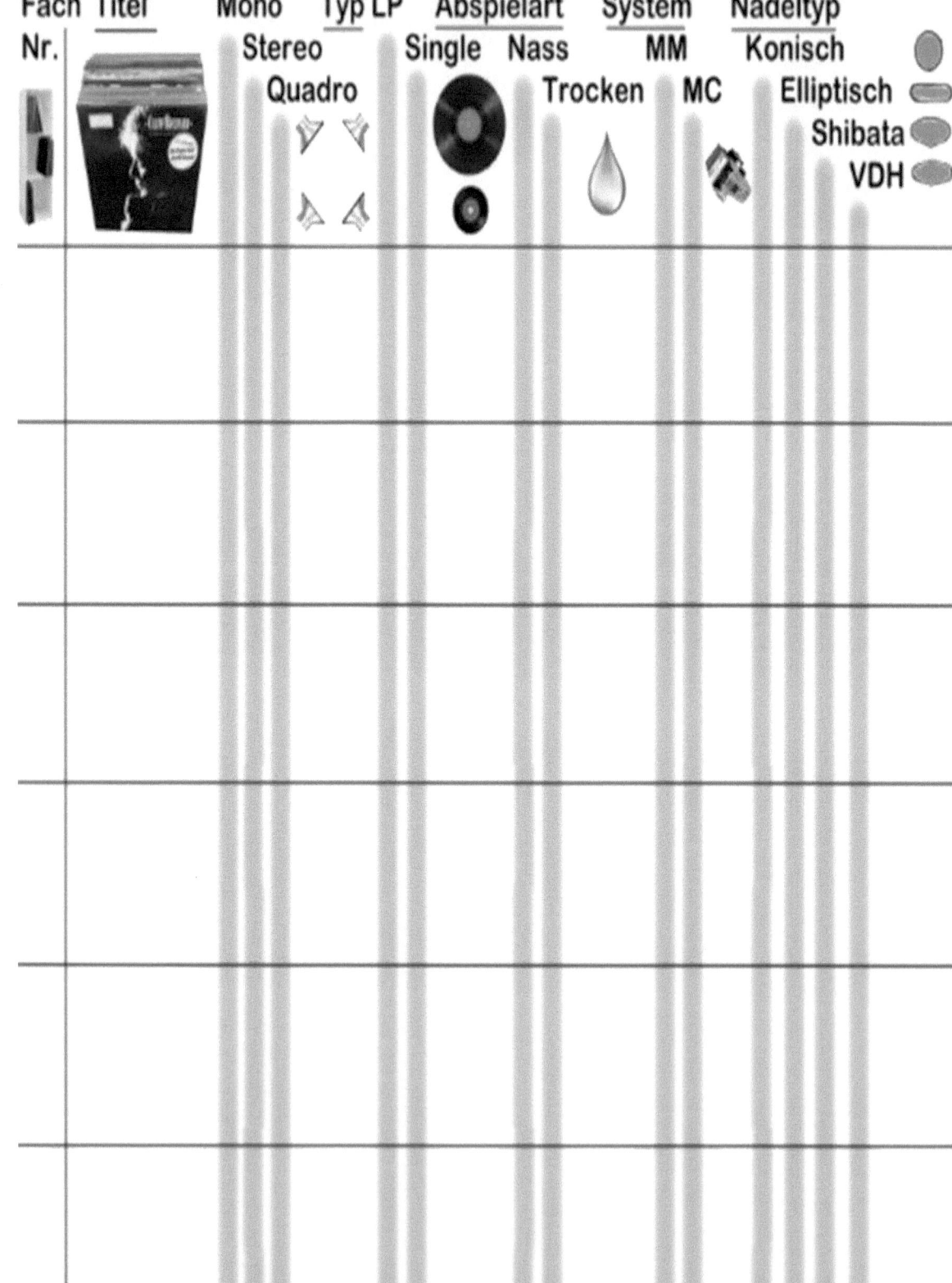

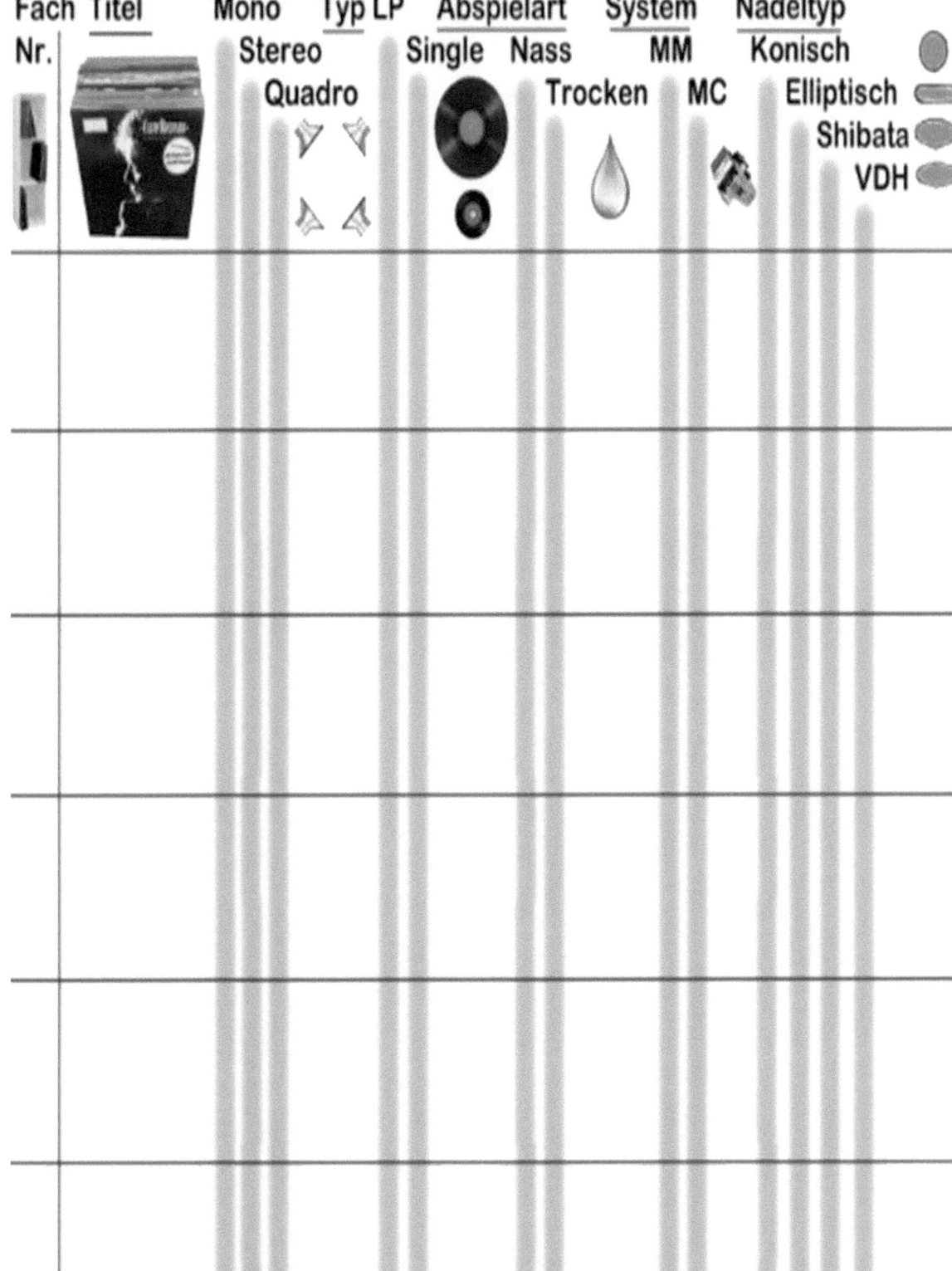

Fach Nr.	Titel	Mono Stereo Quadro	Typ	LP Single Nass	Abspielart Trocken	System MM MC	Nadeltyp Konisch Elliptisch Shibata VDH

Fach Nr.	Titel	Mono Stereo Quadro	Typ	LP	Abspielart Single	Nass Trocken	System MM MC	Nadeltyp Konisch Elliptisch Shibata VDH

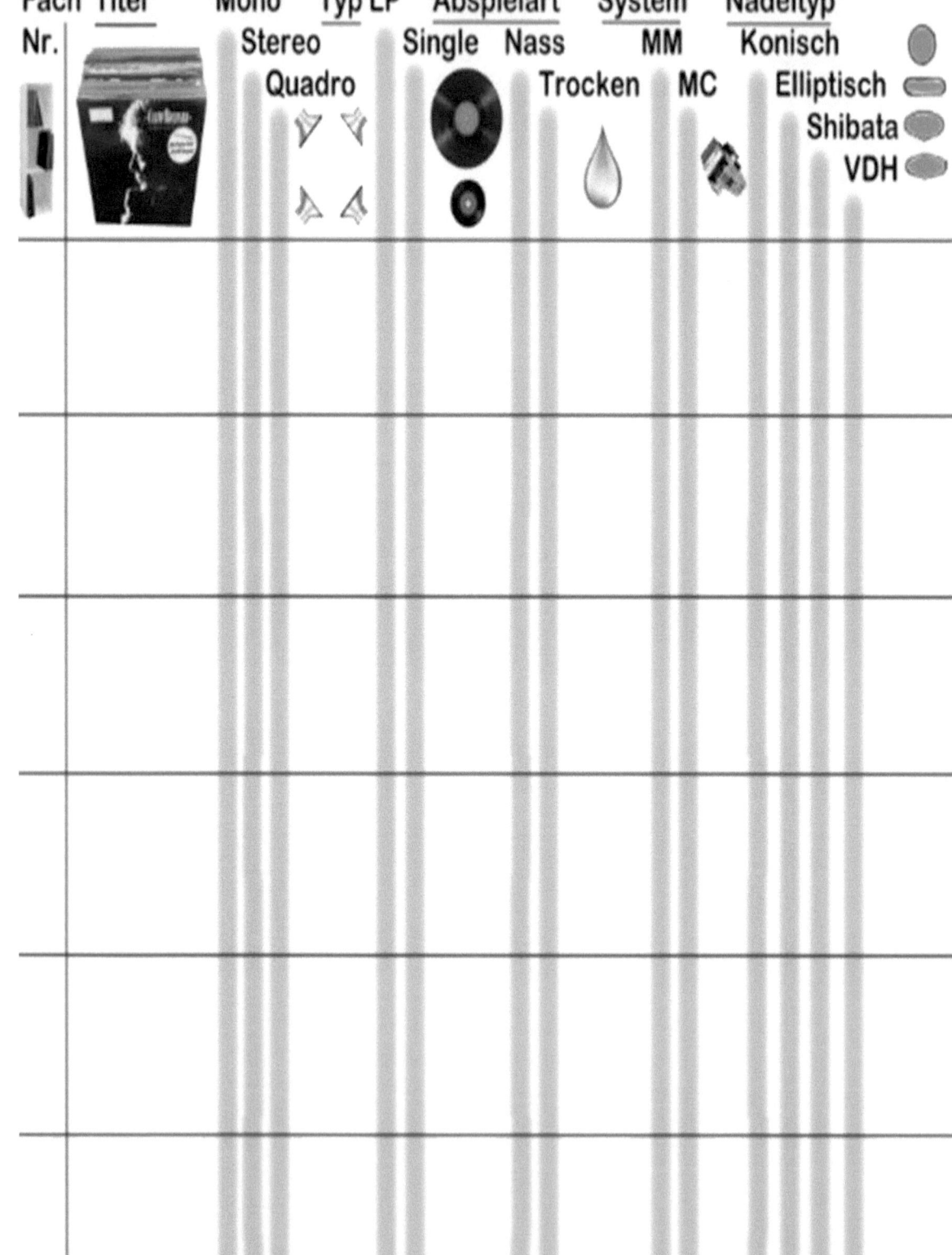

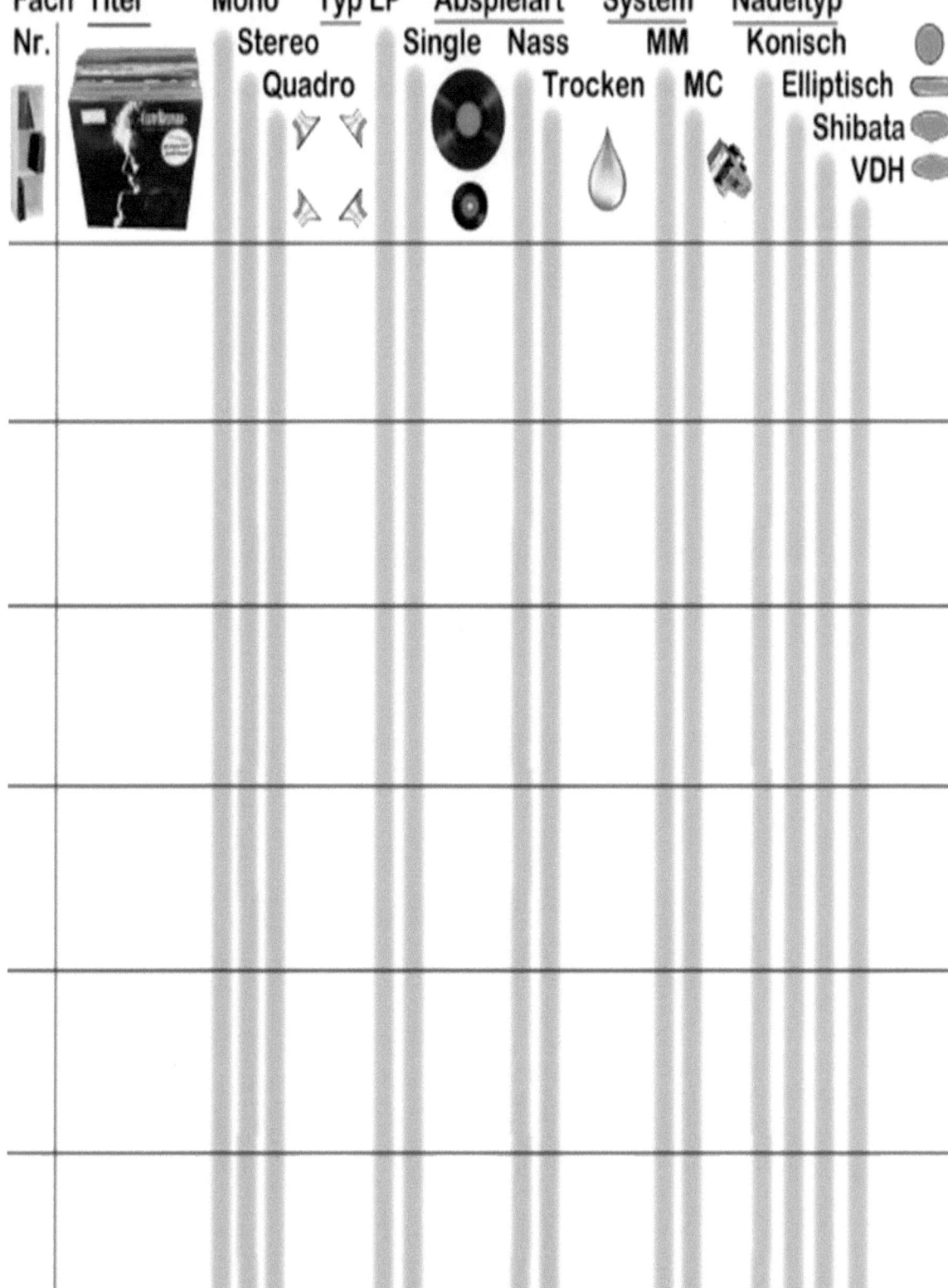

Fach Nr.	Titel	Mono Stereo Quadro	Typ	LP Single	Abspielart Nass Trocken	System MM MC	Nadeltyp Konisch Elliptisch Shibata VDH

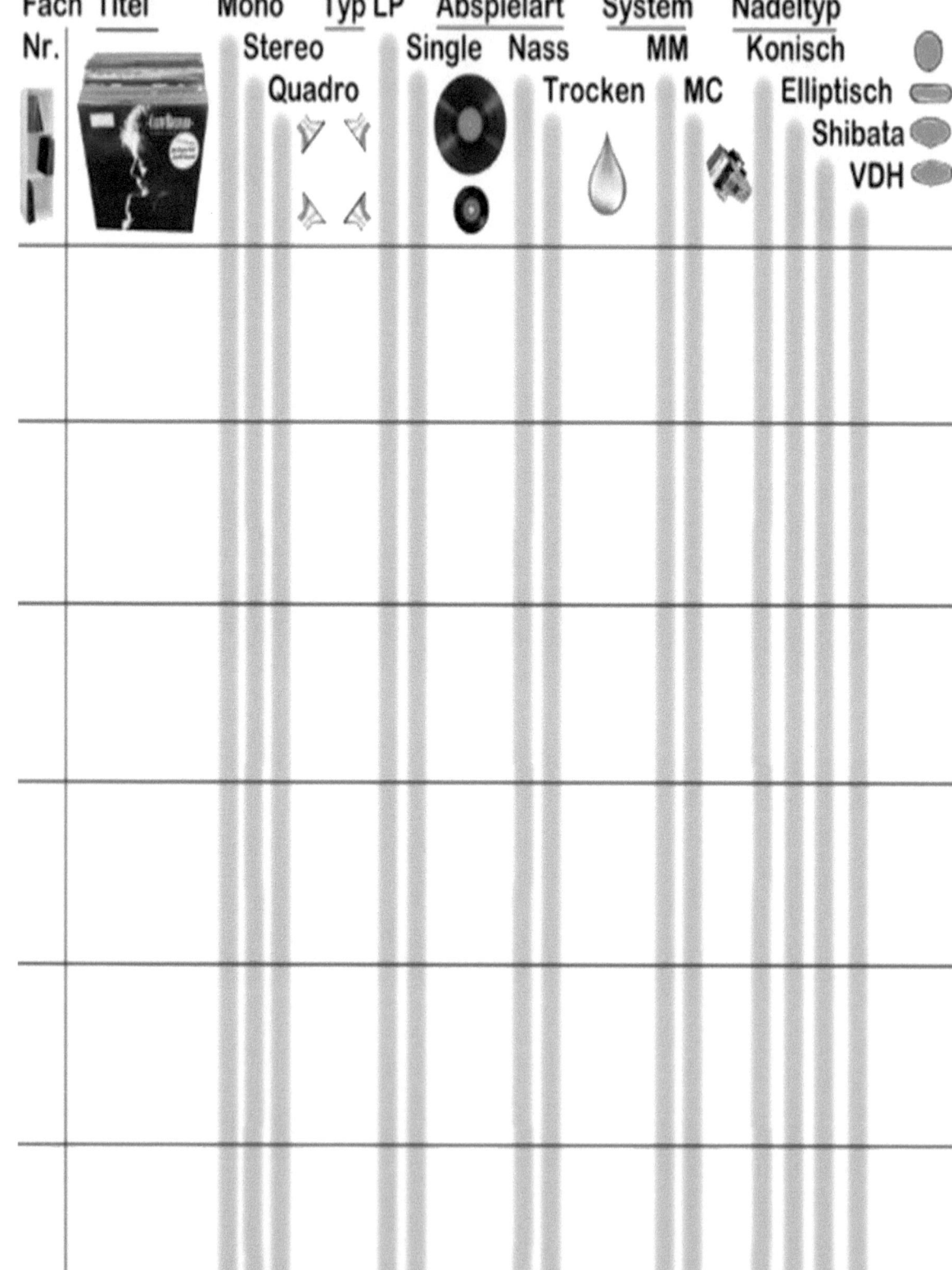

Fach Nr.	Titel	Mono Stereo Quadro	Typ	LP Single	Abspielart Nass Trocken	System MM MC	Nadeltyp Konisch Elliptisch Shibata VDH

Fach Nr.	Titel	Mono Stereo Quadro	Typ	LP Single	Abspielart Nass Trocken	System MM MC	Nadeltyp Konisch Elliptisch Shibata VDH

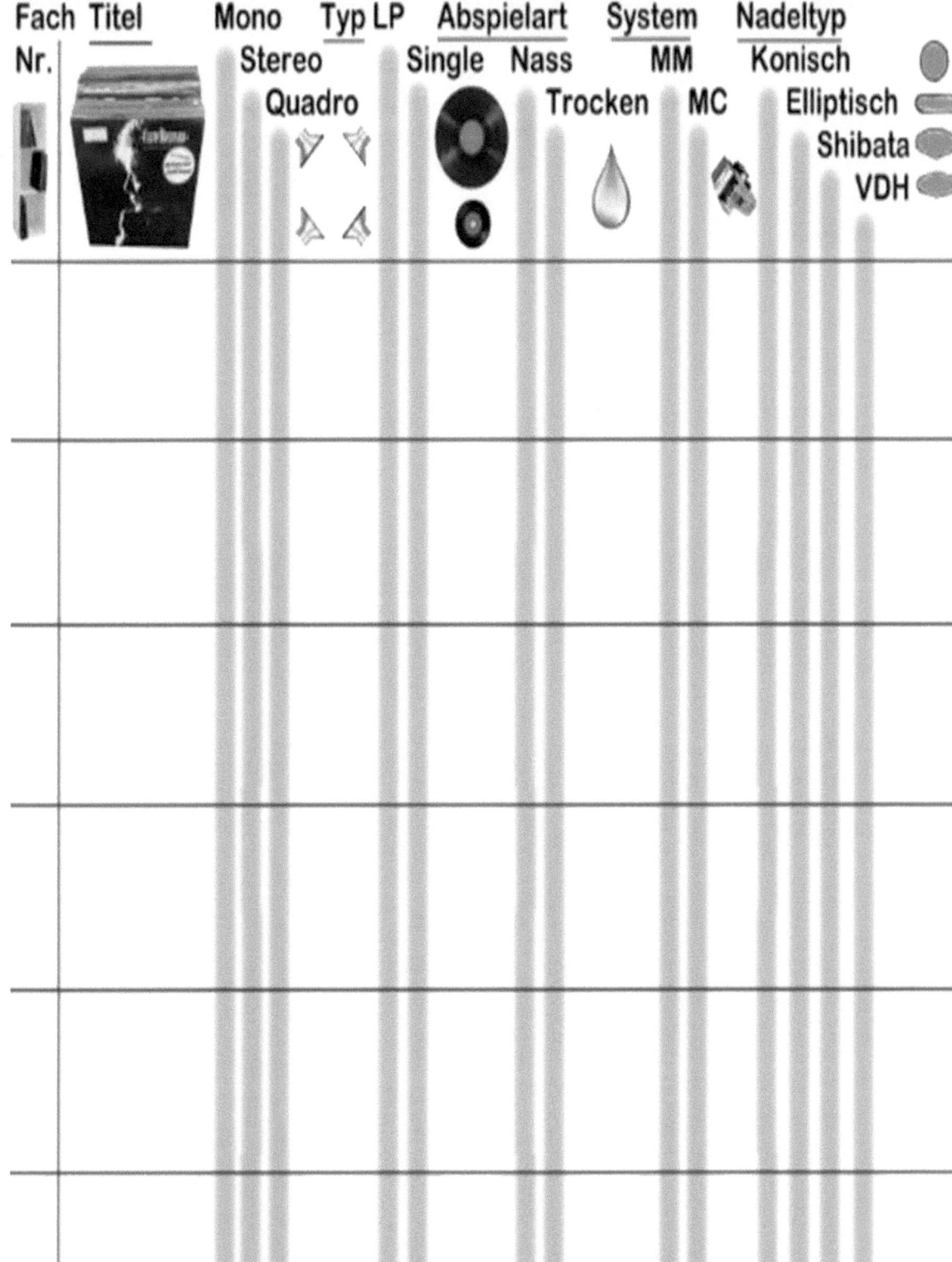

Fach Nr.	Titel	Mono Stereo Quadro	Typ LP	Abspielart Single	Nass Trocken	System MM MC	Nadeltyp Konisch Elliptisch Shibata VDH
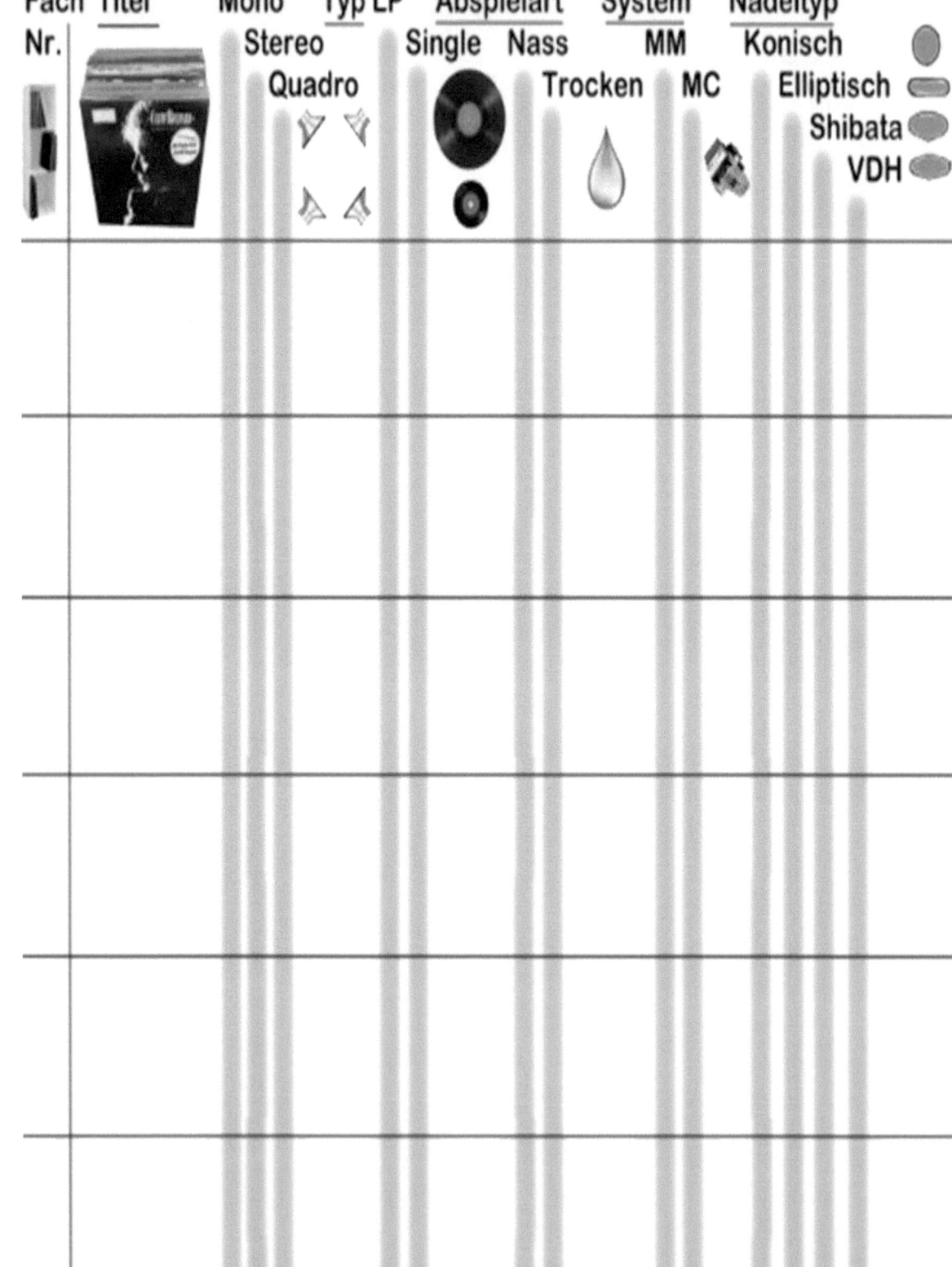

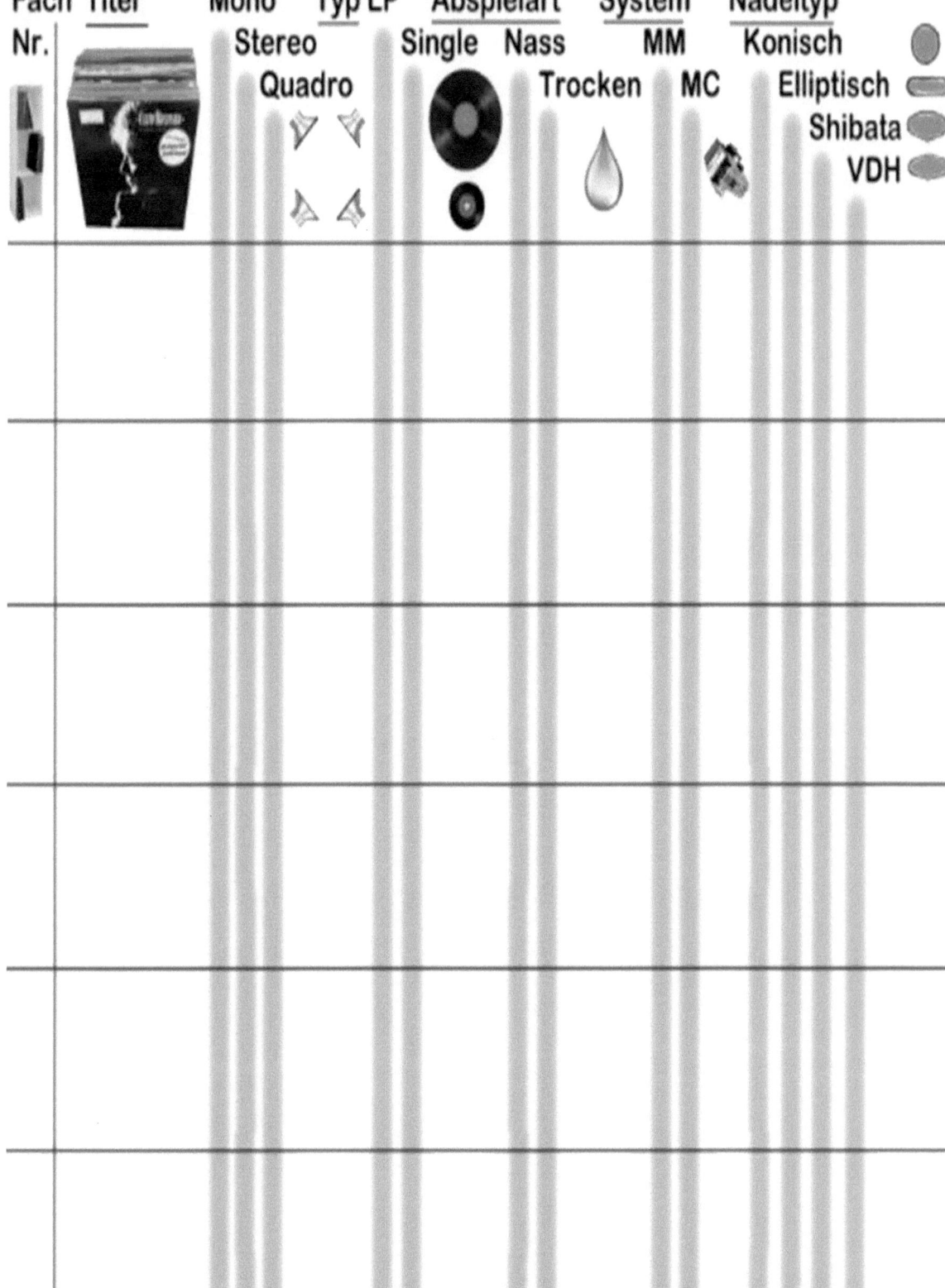

Fach Nr.	Titel	Mono Stereo Quadro	Typ	LP Single	Abspielart Nass Trocken	System MM MC	Nadeltyp Konisch Elliptisch Shibata VDH

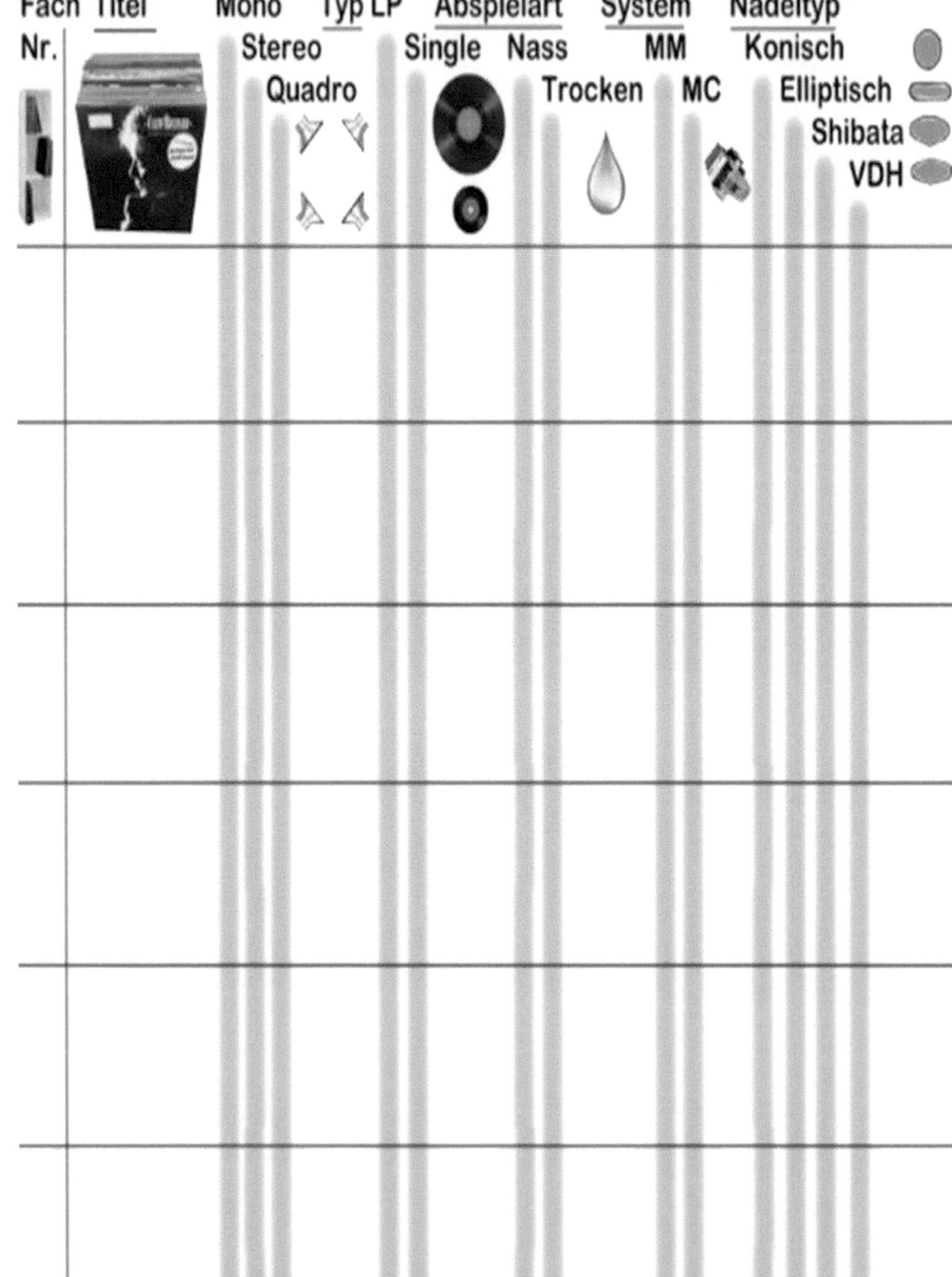

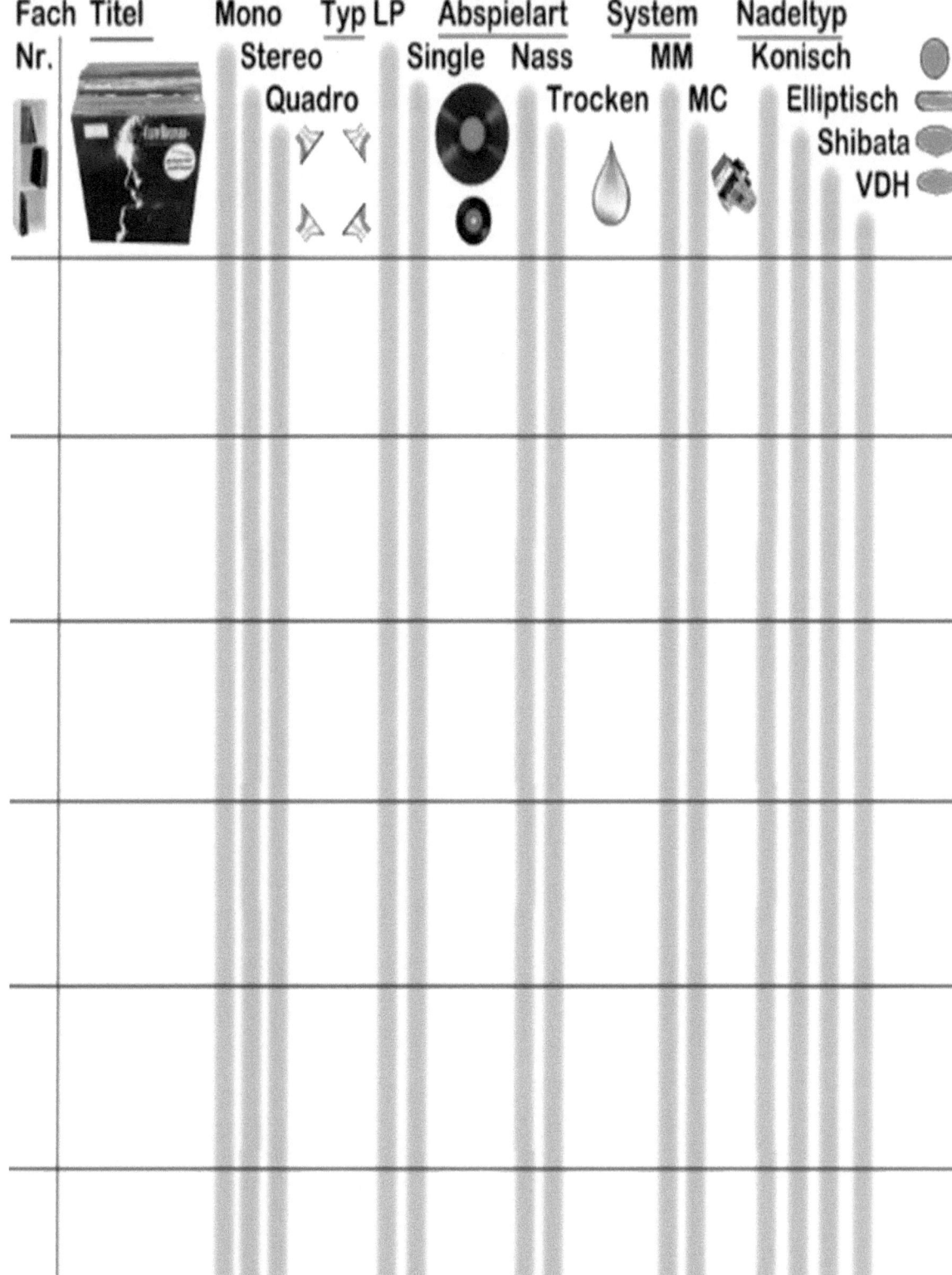

Fach Nr.	Titel	Mono Stereo Quadro	Typ	LP Single	Abspielart Nass Trocken	System MM MC	Nadeltyp Konisch Elliptisch Shibata VDH

Fach Nr.	Titel	Mono Stereo Quadro	Typ LP	Abspielart Single Nass	Nass Trocken	System MM MC	Nadeltyp Konisch Elliptisch Shibata VDH

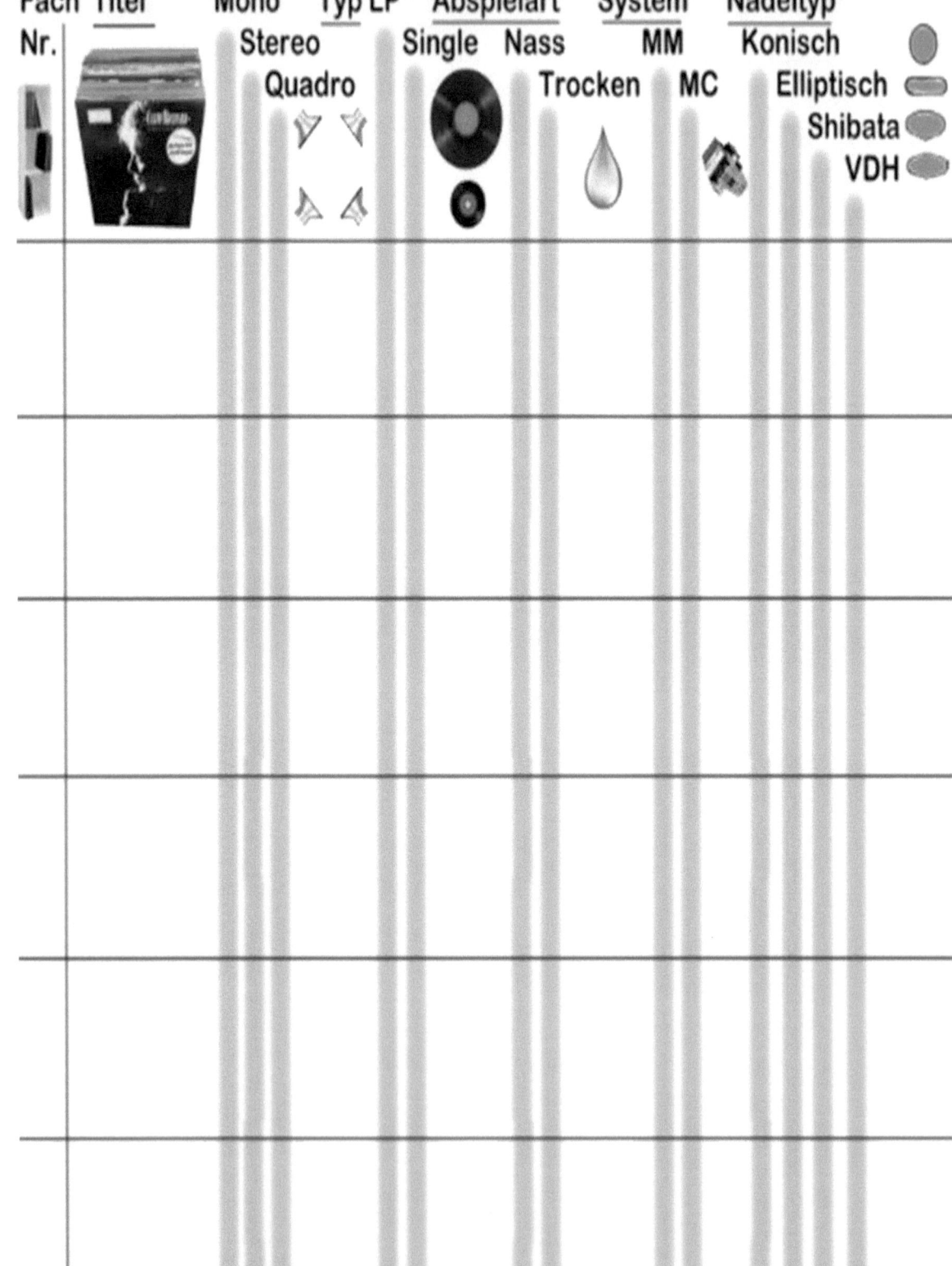

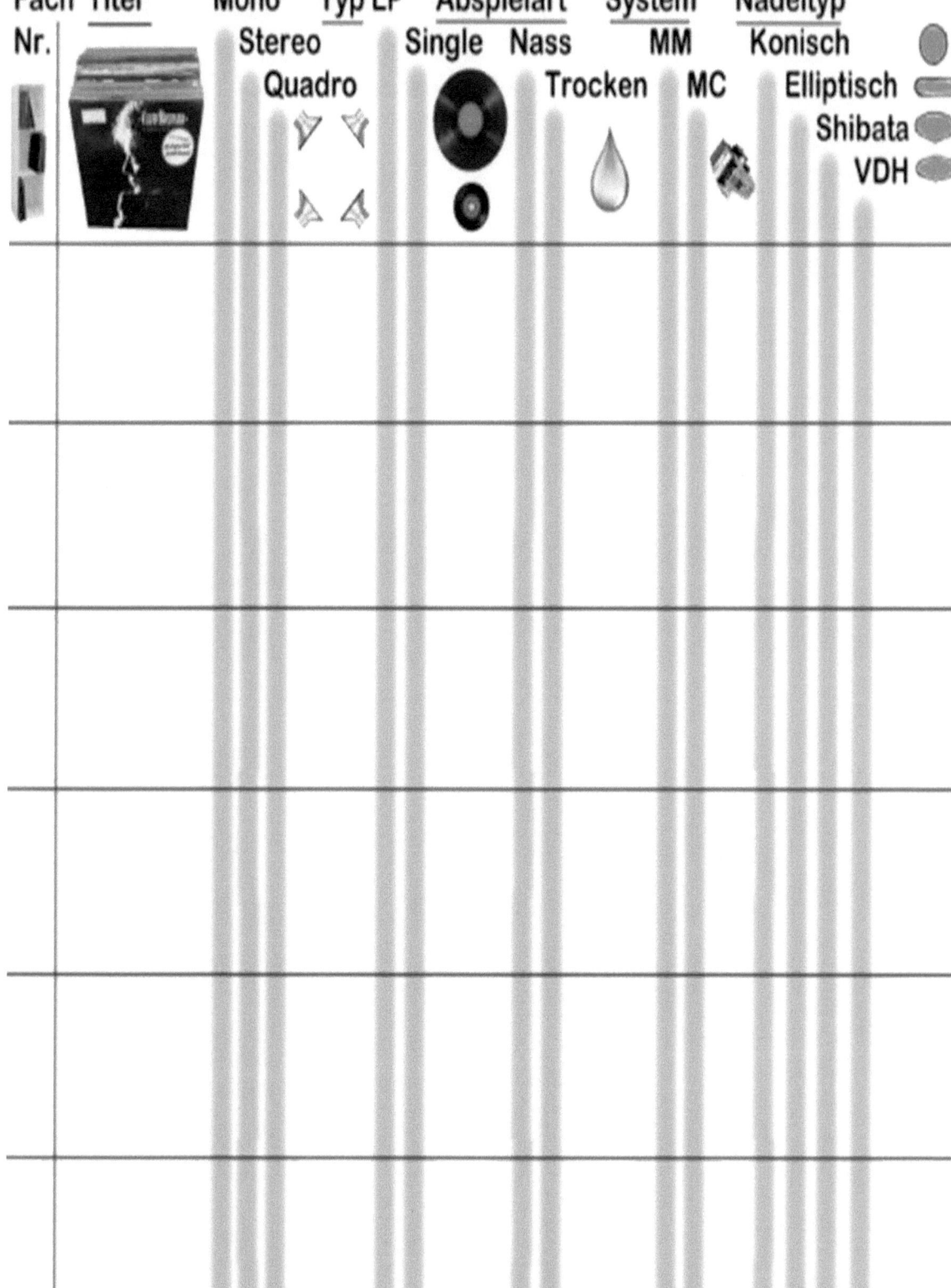

Fach Nr.	Titel	Mono Stereo Quadro	Typ LP Single	Abspielart Nass Trocken	System MM MC	Nadeltyp Konisch Elliptisch Shibata VDH

Fach Nr.	Titel	Mono Stereo Quadro	Typ LP Single	Abspielart Nass Trocken	System MM MC	Nadeltyp Konisch Elliptisch Shibata VDH

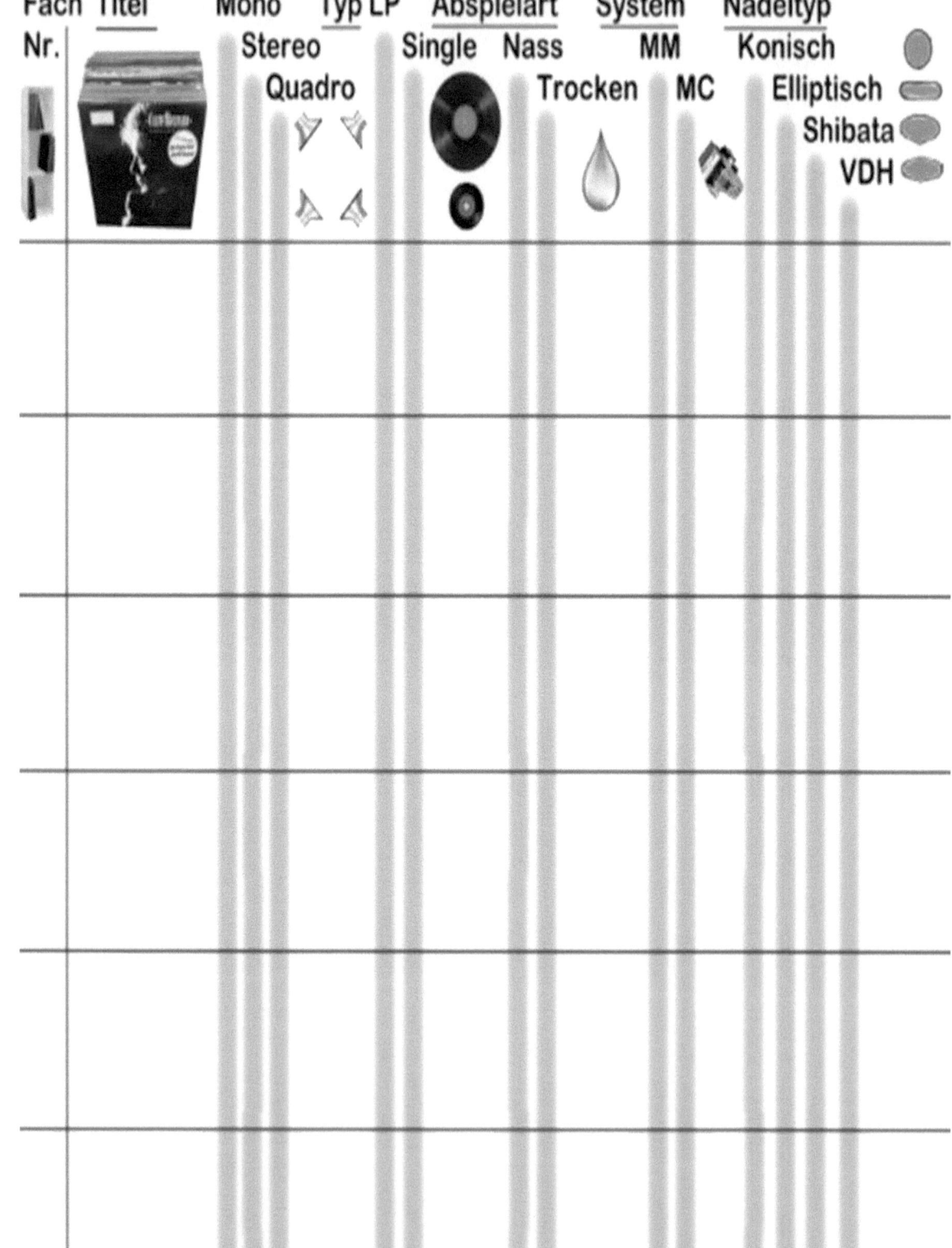

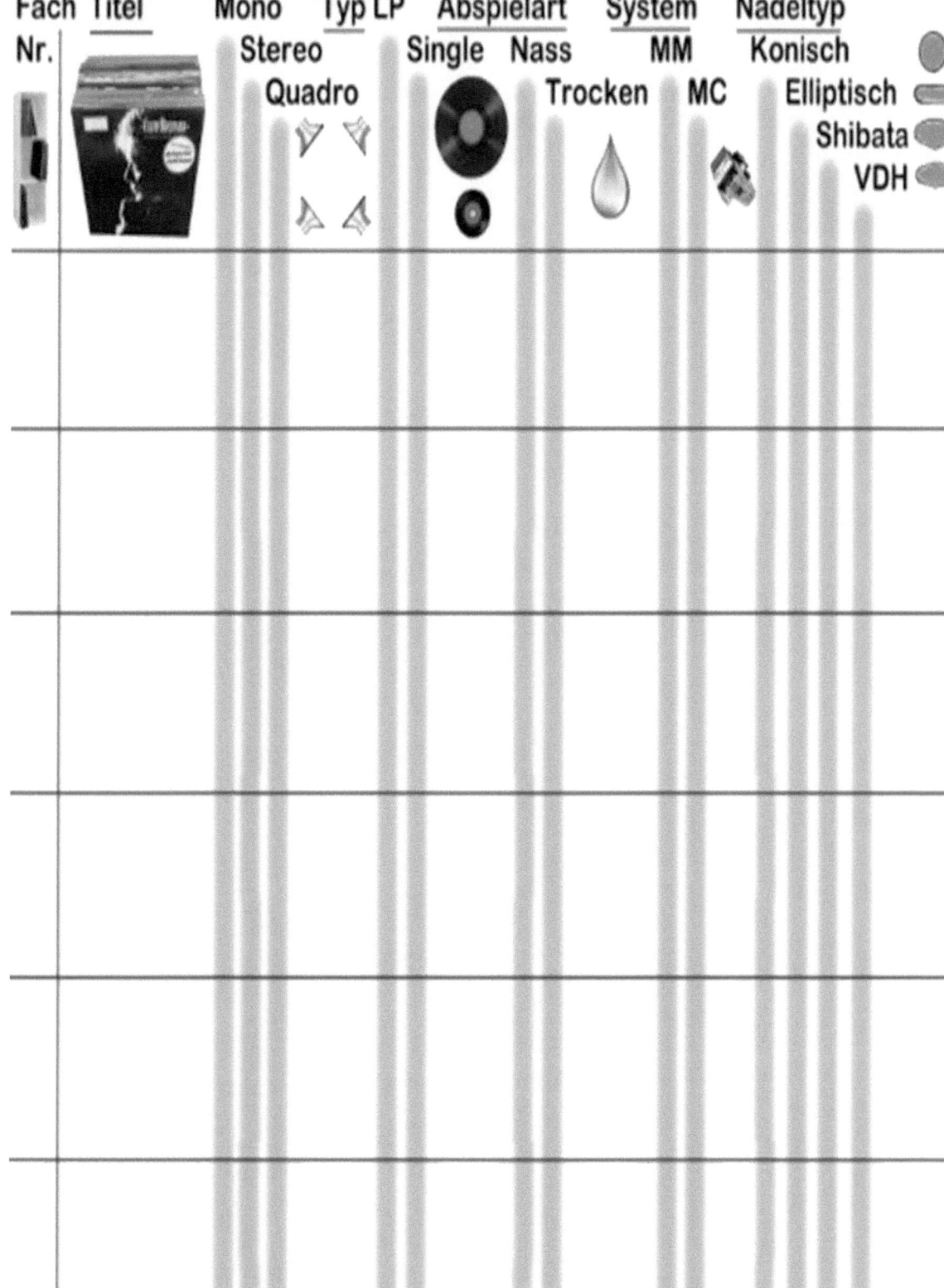

Fach Nr.	Titel	Mono Stereo Quadro	Typ	LP Single	Abspielart Nass Trocken	System MM MC	Nadeltyp Konisch Elliptisch Shibata VDH

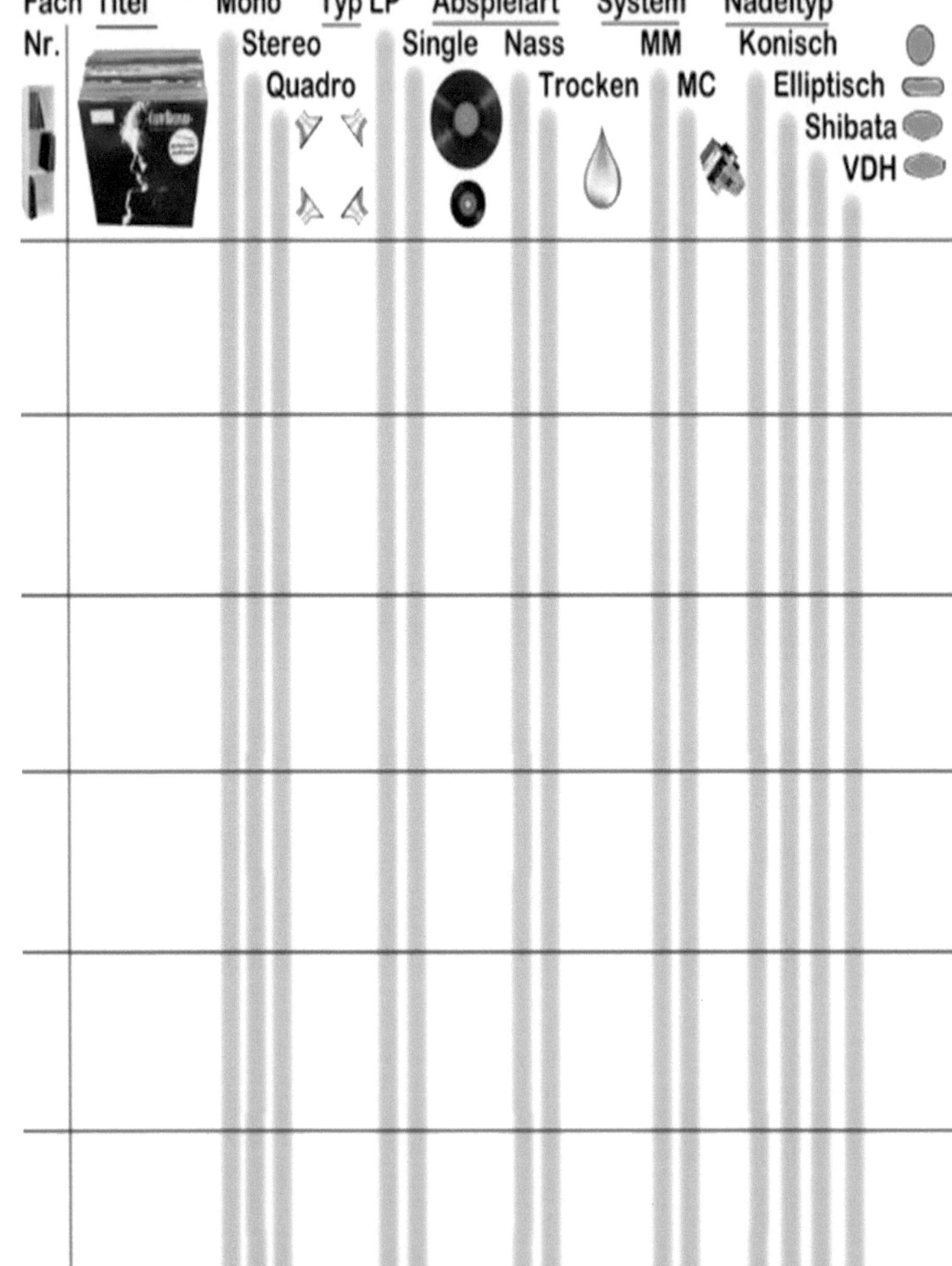

Fach Nr.	Titel	Mono Stereo Quadro	Typ LP Single	Abspielart Nass Trocken	System MM MC	Nadeltyp Konisch Elliptisch Shibata VDH

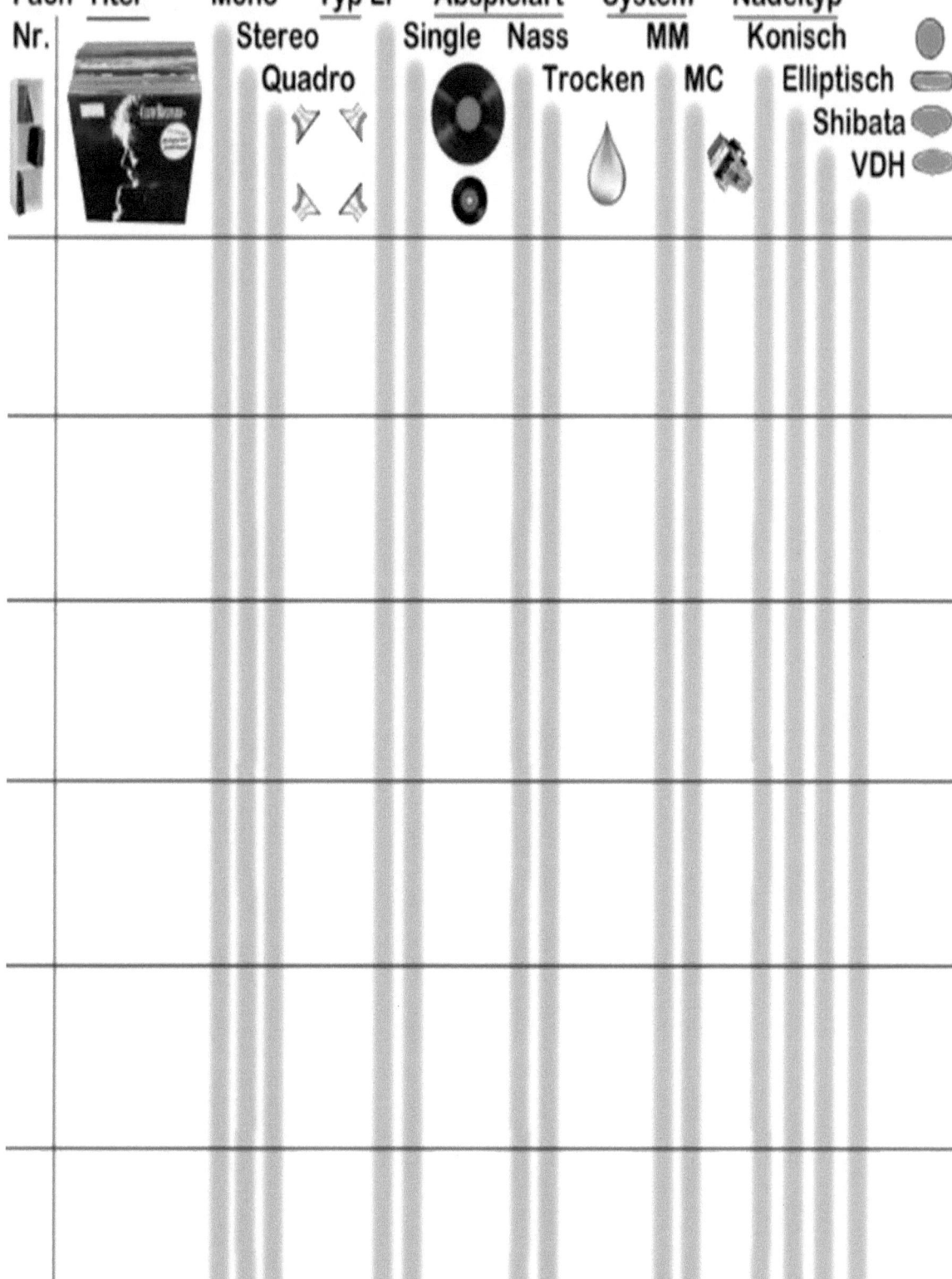

Fach Nr.	Titel	Mono Stereo Quadro	Typ	LP Single	Abspielart Nass Trocken	System MM MC	Nadeltyp Konisch Elliptisch Shibata VDH

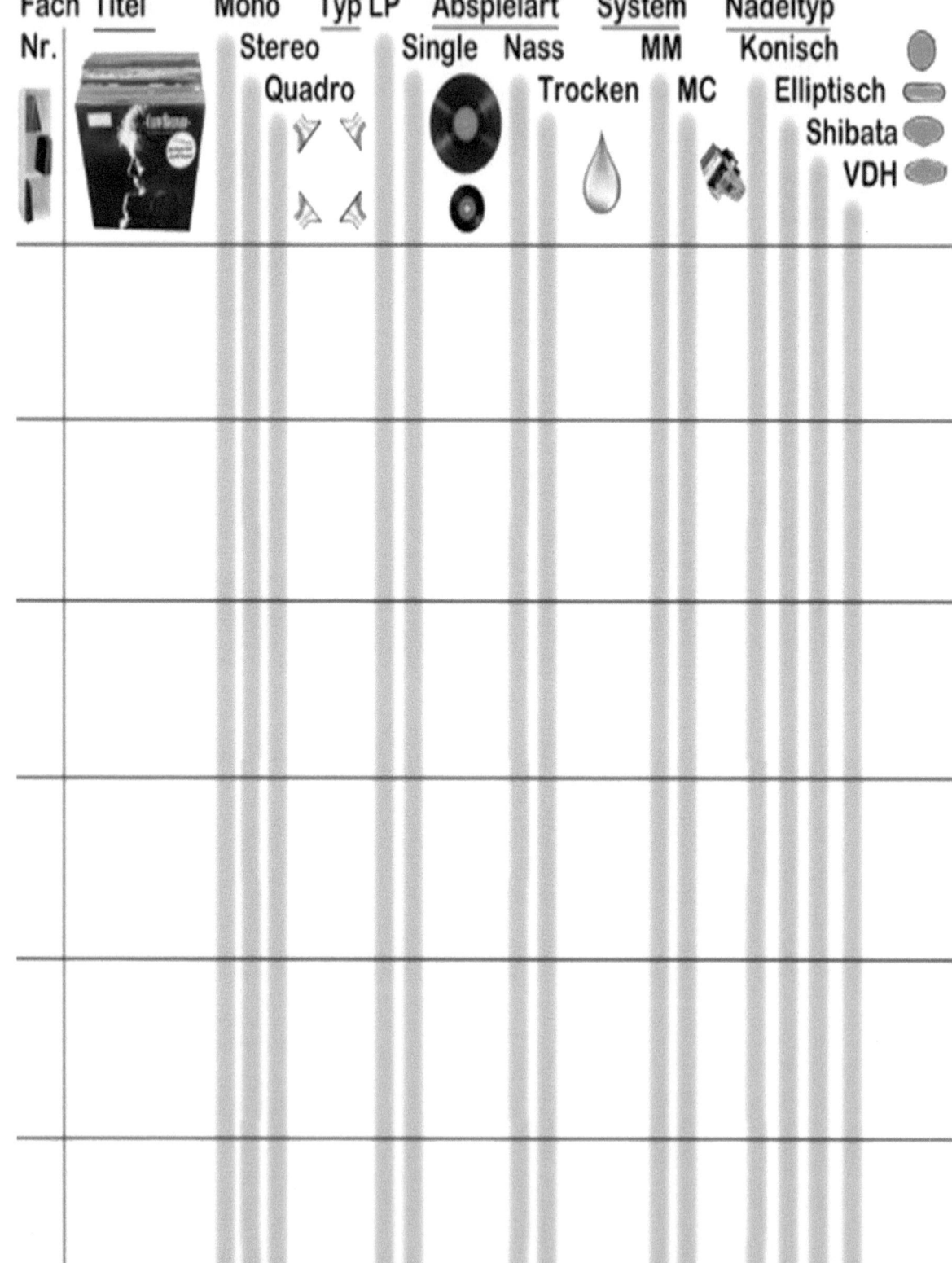

Fach Nr.	Titel	Mono Stereo Quadro	Typ LP	Abspielart Single	Nass Trocken	System MM MC	Nadeltyp Konisch Elliptisch Shibata VDH